グループディスカッションで学ぶ

社会学トレーニング

宮内泰介 著

三省堂

Contents

目　次	1
はじめに——この本の使い方	2
——この本の使い方・教師編	7

第Ⅰ部　いいか悪いか考える … 11
- 1　コンビニ深夜営業規制、是か非か——図式化して整理する … 12
- 2　携帯電話のアンテナ設置に税金投入？——多角的に考える … 18
- 3　「若者言葉」を考える——言葉と社会を考える・1 … 26
- 4　定住外国人に教える日本語は？——言葉と社会を考える・2 … 32
- 5　商店街へ税金投入？——公共性を考える … 40

第Ⅱ部　根本から考える … 49
- 6　民族って何だ？——概念をとらえ直す・1 … 50
- 7　貧困って何だ？——概念をとらえ直す・2 … 64
- 8　会社は誰のものか——組織とは何か、経済とは何かを考える … 76
- 9　累進課税を考える——税金のあり方を考える … 86

第Ⅲ部　構想する … 95
- 10　どの記事を採用する？——メディアを考える … 96
- 11　どれがよい環境保全活動？——環境保全と公共性・1 … 108
- 12　歴史的建造物を保存すべき？——環境保全と公共性・2 … 122
- 13　どれがよいまちづくり？——コミュニティを考える … 130
- 14　大学の未来プランを作ろう——アイデア発想とコミュニティ・プラン … 144

あとがき … 149

はじめに──この本の使い方

● **この本はグループディスカッションのための本です**

　この本は読む本ではありません。使う本です。

　グループでディスカッションをするための実用的なテキストとしてこの本は作られました。

　主に大学の授業で使うことを想定しています。使い方によっては、高校でも、あるいは大学院でも使えるでしょう。また、さまざまな市民活動やNPO、あるいは企業でのワークショップや研修でも使っていただけるものと思います。「社会学トレーニング」という名前ですが、狭い意味での「社会学」にとらわれず、広く「社会を考える」授業やワークショップなどで使っていただけます。

　この本を使って身につけていただきたいのは「社会的な視点でものを見る力」です。「社会的な視点でものを見る力」とは、社会のさまざまな側面ときちんと向き合いながら論理的に考えることのできる力です。何かの現象を見たときに、それを単純に人々の心の問題ととらえるのでもなく、「政治が悪いからだよ」と単純に切り捨てるのでもなく、はたまた「まあ、そういう時代なんだよ」と議論を放棄するのでもなく、社会の複雑なしくみに注目しながら考える力です。

　私たちの頭は案外固くて（これは若かろうが、歳をとっていようがどうも同じようです）、ふだん物事をみるときに、一面的な見方しかできていないことが多いものです。よく議論されているパターンに流されて、固定的なパターンに物事を当てはめているだけ、ということもよくあります。

　柔らかい、しかし論理的で、かつさまざまな視点に目配せを効かせた議論ができるには、少々訓練が必要です。グループディスカッションは、その訓練に最適なものの一つだと私は考えています。一人で考えごとをしても煮詰まってしまいます。一人で本を読んでも、わかった気になって、実はわかっていないことが多いものです。

　グループで意見を出しあいながら、助けあいながら、議論しながら、お互い力を上げていく、というのが、最も効果的なやり方です。

　近年、医療・福祉や教育など、さまざまな分野で「ピア（仲間）」での助け合い、学びあいが注目されています。ピア・カウンセリング、ピア・ラーニング、といった言葉も使われています。なぜ、一見「知識を持っていない人」同士が学びあうほうが、「知識を持った人」が「知識を持っていない」人に上から教えるより効果的なのか。これはなかなか不思議です。しかし、長く大学で授業をやってきた人間からすると、一方的に教えるよりピア・ラーニングの方が確実に効果があ

ります。その理由としては、より参加の度合いが高くなるから、より考えるプロセスが増えるから、あるいは、より関心をもちやすいから、などいろいろなことが考えられそうです。いずれにせよ、グループディスカッションを軸にした学びあいが大きな効果を生んでいることは間違いありません。

　この本では、ディスカッションのテーマについてさまざまなものを用意しました。「コンビニ」「携帯電話」「言葉」「民族」「貧困」「会社」「メディア」「環境」などなどです。そして、こうしたテーマになるべくすんなり入っていけるように、新聞記事など、具体的でわかりやすい素材を用意し、さらに、問題を深める「ダイアローグ」を各章に入れました。テーマについて二人の人が会話している「ダイアローグ」には、グループディスカッションの論点をいくつも潜ませていますので、それをヒントに議論することができます。

　いきなり抽象的なことを議論するのではなく、新聞記事やダイアローグを通じて、現実の事例をちゃんと踏まえた、地に足の着いた議論をすることができるようになっています。

　また、グループディスカッションだけでなく、それと個人作業をうまく組み合わせることが、より学習の効果を生むと私は考えています。一人で考えるのには、じっくり考える、集中して考える、などのメリットがあり、グループディスカッションには、いろいろな考え方を知る、議論をぶつけることでより深まる、などのメリットがあり、その両者のメリットをうまく組み合わせることが大事です。そこでこの本の各章では、その両方の作業が組み合わされています。

● テーマの多様性、設問の多様性

　ディスカッションというと、それぞれの意見をぶつけあうことだと思っている人がいるかもしれませんが、そうではありません。そもそも私たちは最初からそんなに確固たる意見をもっているわけではありません。

　グループディスカッションの要は、お互いに知恵を出し合い、議論を深めていくということに尽きます。

　しかし、議論を深めるといっても、いろいろなやり方があります。とにかくたくさんアイデアを出すようなディスカッションもあるでしょうし、何らかの結論を出さなければならないようなディスカッションもあるでしょう。「この概念をどう考えたらよいのか」といった、考え方をどんどん深めていくようなディスカッション、さらには、新しい考え方をひねり出すようなディスカッション、課題を見つけるディスカッション、あるいは、行動につなげるためのディスカッションもあるでしょう。さまざまな考え方、議論のしかたを学ぶためにも、いろいろなタイプのディスカッションが経験することが大事です。

　この本では、そうしたさまざまな方向のディスカッションができるように工夫がなされています。「どれが正しいか考えてください」という設問もあれば、「どうしたよいか解決策を考えてください」という設問、「結論は出さなくてよいのでとにかくいろいろ議論してください」という設問もあります。それぞれの章で、何をするためのディスカッションなのかを意識してください。どんどん議論を拡散させていってよい章もあれば、早く議論を収束させなければならない章もあります。

　次の表に示したように、各章のテーマ、難易度、ディスカッションの目標、方向には多様性を持たせています。

● 各章の内容

章	タイトル	サブタイトル	難易度（目安）	ディスカッションの目標	ディスカッションの方向
【第Ⅰ部　いいか悪いか考える】					
1	コンビニ深夜営業規制、是か非か	図式化して整理する	易	図式化	特に結論は出さない
2	携帯電話のアンテナ設置に税金投入？	多角的に考える	易	賛否を考える	グループで結論
3	「若者言葉」を考える	言葉と社会を考える・1	易	賛否を考える	特に結論は出さない
4	定住外国人に教える日本語は？	言葉と社会を考える・2	やや難	賛否を考える	結論は出さない。キーワードを挙げる
5	商店街へ税金投入？	公共性を考える	易	賛否を考える	グループで結論
【第Ⅱ部　根本から考える】					
6	民族って何だ？	概念をとらえ直す・1	やや難	概念再検討	グループディスカッションを経て最後に個人で結論
7	貧困って何だ？	概念をとらえ直す・2	やや難	概念再検討	グループディスカッションを経て最後に個人で結論
8	会社は誰のものか	組織とは何か、経済とは何かを考える	難	概念再検討	特に結論は出さないが最後に個人で文を作る
9	累進課税を考える	税金のあり方を考える	やや難	解決策を考える	グループで結論
【第Ⅲ部　構想する】					
10	どの記事を採用する？	メディアを考える	易	ランキング	グループで結論
11	どれがよい環境保全活動？	環境保全と公共性・1	易	ランキング	グループで結論
12	歴史的建造物を保存すべき？	環境保全と公共性・2	難	解決策を考える	グループで結論
13	どれがよいまちづくり？	コミュニティを考える	易	ランキング	グループで結論
14	大学の未来プランを作ろう	アイデア発想とコミュニティ・プラン	易	解決策を考える	グループで結論

● 拡散と収束：ディスカッションの深め方

　さきほど、議論の「拡散」と「収束」と言いましたが、この2つの方向は大事ですので、少し意識しておいてください。私たちの思考法は、主に「拡散」と「収束」の両方のベクトルがあります。とにかくいろいろなアイデアを出す、とにかくいろいろな角度に広げてみる、というのが「拡散」です。たくさんのアイデアやデータから、どうまとめていくか、どれが正しいか、どれが有効か、を考えていくのが「収束」です。ディスカッションでも、あるいは一人で考えるときも、この「拡散」と「収束」の両方のプロセスが大事です。どちらか一方だけではダメです。拡散させておかないで収束だけしようとすれば、最初から持ちネタが少ないままの収束になるので、たいした結論は得られません。逆に拡散させる一方だと、議論の成果がよくわからなくなります。拡散と収束を相互に行うことが重要です。グループディスカッションの場合もそれを意識してください。たとえば、早めに話が収束してしまいそうな場合は、わざとそれに反するような例を出してみて議論を広げる（「拡散」）、というのが有効です。あまり早く話がまとまるのは、よいディスカッションとは言えません。わざと反対してみたり、自分でそう思っていなくても「こういう考え方もあるんじゃないの」といったことをあえて提起してみるのは、ディスカッションを有効に進めるのにたいへんよいやり方です。

● 「解説」は答えではありません

　さて、各章の最後には、「解説」を設けています。注意してほしいのは、この「解説」は「答え」ではないということです。グループディスカッションを補足する程度のもの、少し考えを広げるためのもの、くらいに考えてください。「解説」は授業で使うというより、あとで読むもの、あるいは教師の方は必要ならあらかじめ読んでください、という程度のものです。この章のグループディスカッションにはどういう意図が隠されているか、何を考えてもらいたかったか、などが書かれています。

　解説の最後には参考文献も掲げましたが、これは、それぞれの章で取り上げたことについてより深めたい人のためです。なるべくわかりやすいものを選びましたが、章によっては少し高度なものも含まれています。

この本の使い方・教師編

● 授業の進め方、グループディスカッションの進め方

　ここから先は、この本を使って指導を行う教師の方に向けて書かれています。

　大学の授業はおおかた90分ですので、この本でも1章90分を想定しています。

　進め方は、それぞれの章によって多少違いますが、おおむね、以下のようになります。

(1) 今日行う内容と手順について簡潔に説明する。
(2) ダイアローグ・資料を読ませる。
(3) グループに分かれる。
(4) グループ内で簡単な自己紹介をする。
(5) それぞれの章に応じた手順で作業を行わせる(個人作業とグループ作業があります)。
(6) いくつかのグループに報告させる。
(7) 最後にふりかえりや教師による補足・解説を行う。

　(1)の内容と手順についての説明は大事です。ここで、今日は何を獲得目標にするのか明確にします。グループディスカッションで何か結論を出してほしいのか、結論は要らないからとにかく幅広く議論してほしいのか、あとで報告してもらうのか、など、受講者に今日の着地点を意識させます。そうした手順や着地点については、その回のあいだ中、前の黒板などに書いて示しておくのもよいでしょう。

　もちろん、いちばん大事なのはグループディスカッションおよびそれに付随した個人作業です。そこにいちばん多く時間をとってください。個人作業→グループディスカッション→個人作業、という3段階の章なら、たとえば、個人作業10分、グループディスカッション30分、個人作業10分、というふうに。個人作業→グループディスカッション→個人作業、という章が比較的多いのですが、これは、まずグループディスカッションの準備を各自でしてもらい(たとえばそれぞれ資料を読み、設問に対してじっくり考えるなど)、それをグループでシェアした上でディスカッションし、最後にディスカッションを踏まえて各自でまた考えてまとめる、ということを想定しています。

　中心はあくまでグループディスカッションですが、いきなりディスカッションしようとしてもうまくいかないことが多いものです。それぞれディスカッション

へ向けて、資料を読んでメモしたり、発想したりして、そのあとディスカッションへ入るというのが、効果的なやり方です。ワークシートは、この本に直接記入するほか、教師があとで回収する必要のある場合は、そのままA4の大きさでコピー・印刷して教室で配布していただいてもかまいません。

　ディスカッションのとき司会を設けるかどうかは、ケースバイケースですが、多くの場合は設けない方がよいでしょう。というのも、とくに司会を決めなくても、自然と司会役の人が出てくることが理想的ですし、あるいは、司会がいなくてもどんどん議論が進むことが理想です。最初に司会を決めてしまうと、司会の人は司会の役割を果たさなきゃと気負ってしまい、また司会以外の人は司会に任せればいいやと他力本願になってしまいがちです。

　作業やディスカッションの間、教師やファシリテーターの人は、全体を見ながら、ときどきディスカッションの様子を聞きます。場合によってはディスカッションに参加してもかまいません。状況を見ながら、少し議論が煮詰まっているグループがあるな、と思ったら、少し介入して、ディスカッションを前に進めるための質問をしたり、「こんなことも考えてみて」と示唆したりすることもよいでしょう。グループディスカッションのときの教師やファシリテーターの役割は、あくまでサポートです。

　授業の最後をどうもっていくかについては、いくつかの選択肢があります。

(1) 何人かの個人あるいはグループに、どんな議論があったかを簡単に報告してもらい、教師からのコメントを加える。
(2) (とくにグループとしての結論を求めている章についてですが)いくつかのグループを選び、グループの結論を板書してもらう。あるいは、口頭で報告してもらう。
(3) 教師が議論した中身について若干の解説を加える。

　教師がこれが正しい、これが正しくない、と上から押しつけるのではなく、各グループの多様な議論を全体でシェアすることによって、こんな考え方もある、ということを若干の整理とともに示して終わる、というのが理想でしょう。

● **グループ分けのしかた**

　グループ分けは、なるべく毎回違うグループになるように工夫しましょう。たしかに顔見知り同士でやった方が気楽にできるのですが、やはりいろいろな人の意見を聞いた方がお互いに勉強になります。

　グループは4人が理想です。少なくとも3人、多くとも5人がよいでしょう。

なぜ4人がよいかというと、これは私の経験則にすぎないのですが、5～6人以上だと各自の責任が薄まってしまい、積極的に議論に参加しなくてもいいやという雰囲気を醸し出しがちになります。2～3名だと、出る意見の多様性に限界があります。というわけで、4人です。少し幅を持たせるとしても、3～5名でしょう。たとえば、全体で35人のクラスであれば、4人のグループ8組と3人のグループ1組、というふうに分けます。

　単純に近くでグループを組ませるとふだん話をしている仲良しでグループを組みがちになるので、なるべくシャッフルしてグループを作るように工夫します。35人のクラスなら、1人1人順番に1から9までの番号をコールさせ、それによって9つのグループに分けます。あるいは、少し席替えをさせてから、近くの人間で4人のグループを作る、というだけでもよいかもしれません。

　ところで、このグループディスカッションの授業は少人数の授業でないとできないでしょうか。そんなことはありません。100人くらいの授業でも十分できます。実際私は毎年150人程度のクラスでグループディスカッションの授業を行っています。クラス全体が何人だろうと、とにかく4人のグループをたくさん作り、各グループが自律的に議論を進めてくれる雰囲気を作りさえすれば、多いクラスでも十分できます。人数が多いクラスの場合、グループ分けがスムーズに進めやすいように、あらかじめグループ分けしやすいようにすわっておいてもらうのがよいでしょう（等間隔にすわってもらうなど）。グループ分けに時間をかけては意味がありません。

　各グループがくつろいだ感じで、かつ真剣な議論をするためには、場の設定が大事です。そのためにも、机や椅子の配置には注意した方がよいでしょう。固定机はこの場合使いにくく（使えないことはありませんが）、動かせる小さな机と椅子が置かれている教室が理想的です。あまり横のグループと近くてもダメなので、部屋の広さにも少し余裕があった方がよいでしょう。しかし、これは工夫次第で何とでもなります。とにかく、ちゃんと顔をつきあわせて議論できるような場の設定をすることが大事です。

　以上、この本の使いかたについて説明しました。

　この本を使って、楽しくて深いグループディスカッションをしてください。どんどん書き込みをしながら、グループディスカッションを行い、この本を真っ黒にしてください。

　では、前置きはこれくらいにして、さっそく始めてみましょう！

＊資料での新聞記事中、個人名・住所や所属・学校名等のプライバシーに配慮し、表記を一部変えた箇所があります。

編集協力　㈱翔文社　　本文組版・装丁　㈲ジェット

第Ⅰ部 いいか悪いか考える

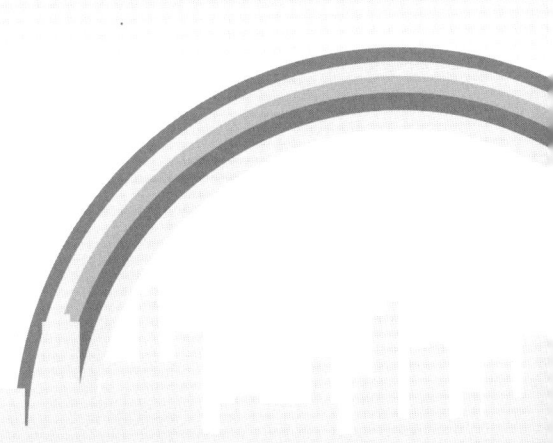

1 コンビニ深夜営業規制、是か非か

図式化して整理する

🗨 ダイアローグ

😊：コンビニって日本に何店舗くらいあるか知ってる？
😐：さあ、まったくわからないなあ。相当数あることだけはわかるけど。
😊：ざっと55,000店。だいたい人口2,300人に1軒くらいの割合なんだって。
😐：う〜ん、やっぱり多いね。コンビニなしの生活なんて考えられないもんね。
😊：ところでそのコンビニの便利さの一つは一日中開いているということでしょ。ほとんどのコンビニが24時間開いてるわよね。
😐：うん。
😊：だけど、それを問題視する人もいるみたい。
😐：問題？　何が？
😊：まずはエネルギーの無駄遣いじゃないかっていうこと。深夜ほとんどお客さんも来ないのに煌々と明かりを付けているのは確かにエネルギーの無駄遣いよね。温暖化防止のために少しでも二酸化炭素排出量を削減しなくちゃいけないっていうときに、ちょっと問題なんじゃないかってこと。
😐：確かにそうだね。
😊：それから、コンビニは犯罪や非行の温床だという意見もあるよね。コンビニの前で深夜少年たちが座り込んでいるのを見て、治安に不安を持つ人も少なくないようね。
😐：そう感じる人もいるかもね。そういえば、コンビニのオーナーってけっこう大変なんだってね。24時間営業と決まっているから、バイトのシフトに苦労したり、自分が働かざるを得なかったりで、相当負担が厳しいらしいよ。
😊：なるほど、労働問題でもあるわけね。とにかくそうやっていろいろ問題があるから、コンビニの深夜営業を規制しようという議論もあるみたい。実際には規制した例はないんだけど、そういうことを検討している自治体もあるようよ。
😐：どうなんだろうか？　深夜開いていないとコンビニじゃないね。
😊：でも深夜利用する人ってどのくらいいるのかなあ。朝日新聞がコンビニ利用について行った読者アンケートがあってね、これによると、全体の約76

％が午後11時〜午前7時に「めったに利用しない」と答えていて、その人たちの間では深夜規制に賛成する人が6割だそうよ（「朝日新聞」2008年10月3日。読者1万6,000人へのアンケート）。ええと、同じ朝日新聞のアンケートによると、コンビニの深夜規制に賛成・反対の人は、それぞれ以下のような理由を挙げているわね。

■コンビニ深夜営業規制への賛否
賛成　52.2％　　反対　26.6　　どちらでもない　21.2

■コンビニ深夜規制に「賛成」の理由
深夜のコンビニ需要は少ない　21.9％
オーナーの負担が重い　24.5
温室効果ガス削減効果がある　33.8
深夜型生活変えるため規制を　46.9
深夜営業は犯罪・非行の温床　49.5

■コンビニ深夜規制に「反対」の理由
コンビニの雇用が減る　7.1％
生活様式の押しつけは不適当　34.4
規制で深夜労働者が不便に　36.7
深夜のコンビニは防犯に寄与　37.5
温室効果ガス削減効果は薄い　54.8

（「朝日新聞」2008年10月3日）

- ☹：確かに利用していなければ、深夜営業は無駄だ、非行の温床だ、と見えるだろうね。
- ☺：ただ、エネルギーの無駄、という点については反論もあるの。
- ☹：どんな？
- ☺：コンビニ業界の主張によると、コンビニによる二酸化炭素排出量は国内全体のわずか0.2％。もし24時間営業を16時間営業にしたとしても、国内全体から見た二酸化炭素排出量の削減効果は0.009％程度にとどまるんだって（『朝日新聞』2008年06月30日）。
- ☹：「わずか0.2％」と言っても、必ずしも小さいとは言えないんじゃないかなあ。みんなが「うちの排出量は小さい」と言ったら二酸化炭素排出量の削減はできそうにないからね。それに業界が出している数字ってどこまで信用できるんだろう。いろいろな計算方法がありそうな気もするなあ。それに、コンビニがあるから深夜型の生活をする人たちが増えて、それでますますエネルギーの無駄遣いが生まれている、という考え方もできるね。
- ☺：深夜営業擁護派にはこんな意外な意見もあるわ。「帰宅が深夜になった時、コンビニの明かりを見ると、すごくホッとする」っていう意見。
- ☹：あ、それちょっとわかる。
- ☺：さっきの非行の温床という意見と逆なんだけれど、深夜にコンビニが開いているおかげで、深夜の防犯に寄与しているという意見もあるわ。
- ☹：街の安全をコンビニが守っているということ？　どうなんだろうね？
- ☺：いずれにせよ、いろんな考え方があるってことね。

所属 ＿＿＿＿＿＿＿＿＿＿＿＿＿＿＿　　　＿＿＿年＿＿＿月＿＿＿日

番号 ＿＿＿＿＿＿＿＿＿＿＿＿＿＿＿　氏名 ＿＿＿＿＿＿＿＿＿＿＿＿＿＿＿

ワークシート

　コンビニの深夜営業について規制を設けようとする議論について、いろいろな角度から考えてみよう。

(1) まずはダイアローグに出てきた賛否さまざまな意見を○で囲んで図に作ってみてください。さらに、ダイアローグに出てきた以外に考えられる意見もいろいろ考えて、○で囲んで図に加えてください。それぞれの○の関係をさらに大きな○や矢印を使って整理してください（図例のようなものを作ってください）。

図例

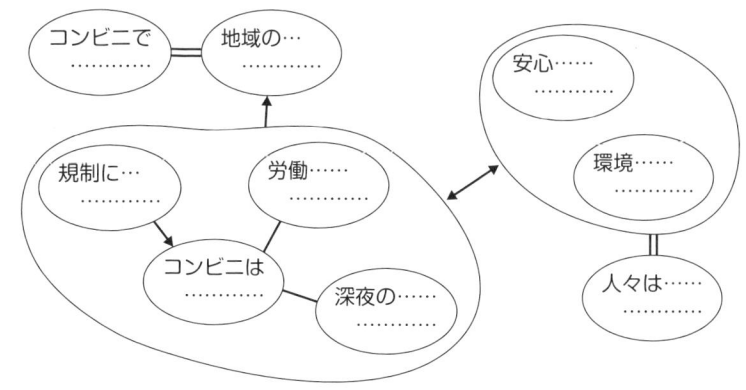

(2) グループ内で、図式化したものを説明しあい、その上で、それらの図を使いながら、コンビニ深夜営業規制は行うべきか行うべきではないか、議論してください。この場合、各グループでとくに結論を出す必要はありません。いろいろな角度から考えて話し合ってください。

（議論のメモ）

(3) 最後に各グループでどんな話し合いがなされたか簡潔に報告してください。

解説

　コンビニが日本で登場したのは、1970年代前半。本格的に増えたのは80年代以降。そういう意味ではたかだか30年くらいのものだが、今や私たちの生活に欠かせなくなったコンビニ。

　この本のまず最初の議論として、コンビニ深夜営業規制について取り上げた。身近に感じている人が多いから、議論はしやすいだろう。

　しかし身近だからこそ注意してほしいのは、いろいろな考え方があるはずだということ。若い人はコンビニがあまりに身近で24時間営業しているのもあたりまえだから、深夜営業を規制するなんておかしいと思いがちだが、規制した方がよいと思っている人も案外多いのだ。ダイアローグにあるとおり、朝日新聞のアンケートでは、76％の人が午後11時～午前7時に「めったに利用しない」と答えており、その人たちの間では深夜規制に賛成する人が6割を占めている。自分が深夜にコンビニを全く使わない人間だったらどう考えるか、あるいは逆に自分が深夜に仕事をしなければならない人間だったらどう考えるか。そのように、自分の立場をいろいろと変えて想像してみる。立場を変えるとどう考えるだろうかと想像することが、社会学的な思考の第一歩だ。

　もう一つ覚えておいてほしいのは、データを大事にする必要があるということ。何かを考えるときに、ただ自分が知っていることだけから議論しようとすると、誤りに陥りやすい。私たちが知っている世界は、実はそんなに広い世界ではない。もちろんメディアを通して私たちはいろいろな世界を見ているが、それはあくまでメディアが選んで提示している「世界」なので、本当の世界とは違う。いろいろな情報にあたり、事実を集めてきて、そこから考えることが必要だ。

　数字をちゃんと押さえないと、私たちは単純な間違いに陥ることがある。

　たとえば、漠然と「少年の凶悪犯罪は増えている」と考えている人がいて、それを前提に「少年の凶悪犯罪が増えているので、その防止策として～が必要だ」という議論がなされているとしよう。しかし、統計を見るとわかることだが、実は少年の凶悪犯罪はこの20年くらいあまり増えていない。1950～60年代をピークとしてその後下がりつづけ、現在の数字は非常に低い状態にとどまっている。

　このような数字をちゃんと踏まえない乱暴な議論が世の中には少なくない。

　しかし一方、数字も万能ではないし、数字にだまされないということも大事だ。数字もまた多角的に考える必要がある。

　今回の問題も、ダイアローグに挙げられているデータを見ると、コンビニ深夜営業規制に賛成の人が52.2％と過半数を超え、反対の倍もいることがわかる。こ

れは貴重なデータだ。しかし、これは単純に多数決の問題ではないから、それぞれどういう理由で賛成・反対なのかもちゃんと見る必要があり、さらにはそうした賛成・反対の理由について検証する必要がある。

「温室効果ガス削減効果がある」から規制賛成という人が多いが、本当に温室効果ガス削減効果があるのか、「深夜のコンビニは防犯に寄与する」から規制反対という人が多いが、本当に深夜のコンビニは防犯に寄与するのか。これらは「そう考えている人が多い」というだけで、本当にそうなのかどうかはまた別問題だ。といったように、一つ一つ検証してみる必要がある。「コンビニによる二酸化炭素排出量は国内全体の0.2％」という数字も、その数字がいったいどういう計算から出てきたものなのか、もしこの数字が正しいとして、その「0.2％」という数字を「小さい」と見るか「十分に大きい」と見るかは、考えてみる必要がある。

この問題、一つの答えがあるわけではない。立場によって答えが違うだろうし、立場が同じでも違う考え方をする人もいるだろう。それに「温室効果ガス削減効果がある」かどうかなど、はっきりと判断できないようなこともある。

大学の勉強のほとんどは、一つの答えがないものだ。最初はそれに戸惑うかもしれない。しかし、一つの決まった答えがあるわけではない、ということをあらかじめ知っておくと少し楽になる。答えがないからこそ、議論することに意味があり、答えがないからこそ、事実をちゃんと集めてきてより説得力のある考えを導こうとすることが必要になってくる。

この章では、まず、いろいろな考えを自分の前に出してみる、というところから始めた。最初に図式化してもらったのがそれだ。一つの考えにとらわれず、どんな考えがあるのか、どんな事実があるのか、ということを見える形で出してみる。そして、それを眺めながら考える。そこが冷静な思考の出発点だ。

図式化して考える、というのは、データをまとめたり、考えをまとめたりするときの有効な手段だ。大学の講義のノートも、実は図式化しながらノート・テイキングすると、理解が進むことが多い。先生が話したことを順番に箇条書きしていくだけなら、単純作業でできる。しかし、それを図式化しながらノートしようとすると、この話とこの話がどうつながるのか、と考えながら聞かないといけない。最初は少し難しいかもしれないが、何回かやると慣れるので、ぜひ他の授業でもチャレンジしてみてほしい。

2 携帯電話のアンテナ設置に税金投入？

多角的に考える

🌑 ダイアローグ

😀：携帯電話やスマホって、便利だけど、ときどき「圏外」のところがあるわよね。

🙂：そう。少し山の中に入ったりすると「圏外」になることがあるね。

😀：山の中まで行かなくても、人が住んでいるところでもいまだに「圏外」のところはあるわよ。次の文章は、そんなところの話。ちょっと読んでみて。

人口6,000人のA町は、農業の町である。農業は、米作と野菜生産が中心。一部工場もあるが、それほど大きな工場ではない。そのA町の集落Cは、少し小高いところにある集落で、5世帯20人が住んでいる。町の中心地から大きく離れているため、携帯電話が通じない。固定電話の線はあるが、かねてより携帯電話のアンテナ設置の要望が集落から出ていた。しかし、携帯電話会社は、採算が合わないからとアンテナ設置に消極的だった。A町役場は、集落Cの要望を受け、国の制度を利用して設置することを検討した。この場合、国からは設置費用の半額の補助を受けることができる。町の財政状況は厳しいが、設置費用の半額なら、まったく支出不可能な額でもない。

さて、その案を町議会に出したところ、いろいろな意見が出た。

議員a：集落Cはたった5世帯だが、切り捨ててはならない。町の全員が同じサービスを受けられるようにするのが行政の役割だ。したがって、この案には賛成します。

議員b（集落Cと強い関係のある隣接集落出身）：私は集落Cの人間ではないが、集落Cの人たちはよく知っている。固定電話があるのだし、携帯電話は要らないという人もいるかもしれないが、実際にはみんな携帯電話をもっていて、外で仕事や交遊に使っている。しかし、家に帰るとその携帯は使えない。インターネットの回線も来ていないエリアなので、家ではメールも読めない。こんな情報格差がいつまでも放置されてよいのでしょうか。

議員c：たしかに集落Cのみなさんの切実さは分かる。しかし、限られた財政

> の中、優先順位というものがあるのではないか。国から半分補助が出るにしても、町の負担は大きく、わずか（と言っては失礼だが）5世帯のために数千万円単位の財政支出はつり合わないのではないか。固定電話も通じないならいざ知らず、町の政策として優先順位が高いとは思われません。
> 議員d：私も議員cさんに同意します。行政がなんでもしてあげられる時代は終わったのではないか。すでに我が町の財政は借金に苦しんでいる。携帯電話は、郵便、固定電話、テレビなどに比べ、国民が最低限享受すべきコミュニケーション手段とまでは言えないし、なくても何とかなるでしょう。
>
> 議会での議論は紛糾し、いまだ結論は得られていない。

- 😐：なるほど、これは難しい問題だね。
- 😊：そうよね。実は、携帯電話の基地局を税金を使って整備するというのは、全国的にはよく行われているようね。たとえば、鹿児島県のI市では、2009年に、9億円の予算をかけて携帯電話が通じない15の地域に基地局を設置するという事業を行っているわ。新聞によると、対象となった地域はいずれも人口80人未満の集落で計291世帯、人口は合計で1,206人（市全体の人口の3.8％）だって（『朝日新聞』鹿児島版　2009年08月26日）。一方、携帯電話の基地局を税金を使って整備するというのを止めた（あるいは延期した）自治体もあって、行政の無駄遣いを省くという趣旨で事業の見直しが行われたみたいよ。
- 😐：う～ん、I市の場合、291世帯で9億円か。1軒あたり300万円、1人あたり76万円の税金投入という計算になるね。
- 😊：実際にはそのお金の多くは国からの補助金や交付金だから、地方自治体の負担は必ずしも大きくないことがあるけれど、それでも私たちの税金には変わりないわね。
- 😐：国のお金だとすると、他の地域の人たちの税金がその地域の人たちの携帯電話のために使われている、ということになる？
- 😊：そういうこと。
- 😐：そうすると、そうした地域の人たちの携帯電話が通じるために僕らの税金が使われることをよしとするかどうかという問題になるね。
- 😊：そういうことにもなるわね。税金はありとありゆることに使われていて、中にはずいぶん無駄じゃないかと思われることにも使われているわ。

😐：無駄はなくした方がいいよ。

🙂：そうよね。でも何が無駄か、何が無駄じゃないかは、その人がどこに住んでいるのかとか、どういう考え方なのか、などによって意見が違ってくるわね。

😐：たとえば、1日20台くらいしか通らない道だけれど、その地域の人たちにとっては欠かせない道があった場合、それを作ることは無駄かどうか。その道がなくてもまったくやっていけないわけでない。だけどその道がないとずいぶん遠回りせざるをえず、不便を強いられる。でも一方、その1日20台の道を作るのに数十億円かかる。

🙂：で、携帯電話だけれど、議員dさんは「国民が最低限享受すべきコミュニケーション手段とまでは言えない」と言っているけど、どうなんだろう。

😐：ほぼ国民全員がもっていて、しかもいろんな連絡にも使われているとすると、やっぱり「最低限享受すべき」ものかなあ。

🙂：でも、20年前には誰も持っていなかったのよ。それで誰も不便はなかった。

😐：集落Cの人たちは携帯が集落内で使えないことにどのくらい不便を感じているんだろうか。固定電話はあるわけだし。そのあたりの切実さが鍵になってくるかなあ。

🙂：そもそもそんなところに住んでいるから悪いんだ、という人もいるかもね。医療や福祉、それに買い物の点でも、不便でしょうに。

😐：でも先祖代々ずっと住んでいるんでしょう。離れろとは言えないだろう。土地に対する愛着もあるだろうし。

🙂：医療や福祉のサービスという点から言っても、あまり不便なところに住んでいると、そのコストがかかってしまうわね。行政としてはなるべくコストがかからないところに住んでほしいと思っているかもしれない。すでに集落Cも、人口はどんどん減っていて、いわゆる限界集落（人口の50％以上が65歳以上の高齢者である集落）だそうよ。ということは、今莫大なお金をかけて携帯の基地局を作っても、さらにどんどん人口が減る可能性もあるということ。ますます無駄だと思う人もいるでしょうね。

😐：でもそこに住む意思がある人がいる以上、その人たちの生活の保障をするのが行政の役割じゃないかな。

🙂：う～ん、どうしたらいいんだろうね。

第2章 携帯電話のアンテナ設置に税金投入?

所属		年　　　月　　　日
番号	氏名	

 ワークシート

　この支出案に賛成ですか、反対ですか。あるいは、この問題をどう考えればよいでしょうか。グループで議論して、何らかの結論を出してください。

(1) まず、この問題をどう考えるか。この問題を考えるポイントを考えつくかぎり出し、それを図式化してください。

(2) 次にグループで議論し、何らかの結論を出してください。
（議論のメモ）

（グループの結論）

解説

　これだけ携帯電話やスマホが普及していると、日本でもう「圏外」は山奥しかないだろうと思っている人もいるかもしれないが、実は人が住んでいるところでまだ「圏外」のところは結構存在している。

　これは前から問題になっていて、政府(総務省)は2008年に「デジタル・ディバイド解消戦略」という、携帯電話が通じない地域を減少させていく政策を打ち出した。その結果、2006年に約40万人いた「圏外」人口は、現在(2012年)数万人にまで削減された。しかし、そのためにこれまで毎年数十億円の税金が投入された。

　今回考えてもらったわずか5世帯の集落、といった事例は、なかなか難しい問題だ。

　携帯電話がなければ生きていけないかというと、そうでもない。この集落は固定電話はもちろんある。この集落の人も、職場や外では携帯電話を使っていて、家に帰ると固定電話を使っている。それで何とかはなっている、とも言えるし、不便を感じている、とも言える。こうした地域の多くは高齢化が進んだ地域なので、固定電話の方が使い勝手がよい人が多い。一方高齢者が多いので、いざというときのために携帯電話をもってもらった方がいい、と外に住む家族が考えている場合もある。

　携帯のアンテナはあればもちろん便利なのだろうけど、採算が合わないので、携帯電話会社が自分で立てることはしない。そこで税金の投入が考えられる。しかし、税金の使い道には当然優先順位というものが存在する。本当に必要なところから税金が投入される。5世帯の集落の携帯のアンテナは「本当に必要なところ」として優先順位をつけるべきだろうか。同じこの集落の問題を解消するにも、携帯のアンテナよりまず福祉や医療の分野の事業を行うべき、という意見もあるだろう。いや、携帯は福祉や医療にも役立つものだからぜひアンテナを、という意見もあるだろう。

　何が世の中にとって優先順位の高い課題だろうか。携帯のアンテナを立てることか、道路を作ることか、教育を充実させることか、科学技術を発達させることか。

　本章では、このようなことをなるべく多角的に考えるということを試みてほしい。

　世の中には簡単に白黒つけがたい問題が多い。この本全体を通じてそういう問題を考えてもらうことになるが、だからこそ多角的に考える、そして議論することが重要になってくる。

　しかし多角的に考える、というのは、実はなかなか難しいことだ。

多角的に考え、いい議論をするためのコツは何か。

まず、ちょっと無理してでも別の側面から考えることだ。グループで議論していると、なんとなく議論が落ち着いてしまったり、だいたい結論が出てしまったような気がするときがある。しかし、そこであえて違う角度からの意見を出してみよう。「それは違う、こうだ」と言うのもよいが、「こういう議論はどう？」と切り出す方がよいかもしれない。そうした意見を出せるには、まだ議論できていない視点はないか、常に注意しておく必要がある。自分が100％その意見に賛成である必要もない。「こういう意見もあるんじゃないか」という話でよいのである。そうすると、それを他の人が拾ってくれて「そうね、それならこういうことも考えないとね」と話を広げてくれる可能性もある。ディスカッションなのだから、自分で意見を完結させる必要はない。「よくわからないんだけど、こういうことは考えなくてもいいのかなあ」といった感じでよいから、新たな視点を出してみよう。そうすることで議論は深まっていく。

浅いレベルで議論が終わるのではなく、あえていろいろな意見を出すことで議論が深まることが大事だ。

何をめざす議論かによっても議論のしかたは少し変わってくる。今回はグループで何らかの結論を出してもらうというやり方をとった。この本では、グループで何らかの結論を出してもらう章と、結論を出す必要のない章の両方がある。しかし、いずれでも、話を広げていろいろな角度からの見方をしていくということでは共通している。違いは、いろいろ出た意見を整理するときに、最後に一つにまとめるように議論するか、あるいは、とくに一つにまとめる必要なくある程度話が拡散したままにしておくか、だ。

さて、携帯電話に税金を投入してよいかどうか、という問題は、単に携帯電話の問題でもなく、税金の問題でもない。私たちの社会で「公共」（みんなのため）とか「正義」（なにがよいことか）といった問題をどう考えればよいか、という大きな問題の一つになってくるし、私たちがどうのような社会を作っていけばよいのかという問題でもある。このあたりの問題は実はこの本で繰り返し出てくる問題だ。

3 「若者言葉」を考える

言葉と社会を考える・1

ダイアローグ

😐：この間新聞の投書欄で、若者言葉を憂慮する意見が出てたね。

😀：どんな？

😐：「やばい」とか「うざい」「イケメン」「逆ギレ」とかいった若者言葉が国語辞書に正式に載ったらしいんだ。それでその人、そんな若者言葉を辞書に載せていいのか、と憤っている感じだった。日本語がどんどん崩れていて、その象徴が若者言葉なのに、それを辞書に載せるとは何事だ、ということで。

😀：う〜ん、たしかに、私たちだって、中学生とかが話しているのを聞くと、何その言葉、とか思っちゃうもんね。

😐：まあ僕らだって、もっと年上の人たちから見ると、むちゃくちゃな日本語をしゃべっていると思われているんだろうなあ。

😀：「最近の若者は語彙が少ない」なんて言われると、そうかな、とも思うし、いや、年配の人たちだって決して語彙が多いとは言えないって思ったり。

😐：実際のところどうなんだろうね。若者言葉って、そんなに変なのかなあ。

😀：でも、言葉って、変化するものじゃない？　100年も200年も変わらない言語なんてないんじゃないの？　平安時代の日本語と今の日本語じゃ、まったく違っているわよね。だから世代によって言葉が違うというのも、言葉が時代によって変化する、ということにすぎないんじゃないのかな？

😐：なるほど、そうとも考えられるね。しかし、今の変化のしかたはちょっと速すぎるんじゃないか、っていう感じもするけど？

😀：速すぎる？

😐：そう。これまでの言葉の変化に比べ、速すぎる、ってこと。速すぎるどころか、生まれてすぐ消えていく言葉だってある。1980年代に「ナウい」という言葉が登場したけれど、いつの間にか消えたね。

😀：それは言葉の変化というより単なる流行言葉でしょ。

😐：いやいや、流行言葉から定着した言葉って多いんだよ。「ごまかす」なんて、江戸時代の流行言葉から来ているしね（※）。もちろん消えてなくなった流

行言葉も多いんだろうけど、流行言葉だからといって定着しないとは限らないんだ。

 （※）江戸時代末期に江戸にあった「胡麻菓子」という菓子が、中身が空洞だったことから、中身がない、みかけだおし、という言葉として使われるようになった。「ごまかす」はこの「ごまかし」が動詞化したもの。ただし、これには異説もある。

😃：へえ、そうなの。はやり言葉なんて現代だけのものかと思っていた。

😃：「胡麻菓子」が「ごまかし」というはやり言葉を生んで「ごまかす」という新語が定着した、というくらいならいいと思うんだけど、今みたいにたくさんはやり言葉が出るのはどうなんだろうと思うねえ。やっぱり、言葉はあまり急激に変化しない方がいいんじゃないかな。文化の継承ということもあるし、何より老人と若者の間でコミュニケーションがとれなくなったりしたら大変じゃないか。それにメディアが「新しい言葉」をはやらせようとしているというのもどうかと思うし。

😃：でも、言葉が原因でコミュニケーションがとれなくなる、というのも変じゃない？　むしろ逆で、コミュニケーションがないから言葉がお互い違ってくるんじゃないかなあ。つまり、言葉が悪いんじゃなくて、社会のあり方の問題だと思うけど。メディアの問題はあると思うけど、それだって、メディアが勝手にはやらせるなんて無理でしょ。やっぱり社会の側にそういう素地があって初めてメディアも「新しい言葉」を使うようになるんじゃないのかなあ。

😃：若者言葉は言語の多様性の一つだっていう考え方はどう？

😃：多様性？

😃：そう。たとえば、世界では今、マイノリティの言語がどんどんなくなっているという現状があるでしょ。絶滅した少数言語って世界にたくさんあるそうだよ。日本語の中でだって、方言が失われたりしているし。なるべく多様な言語がある方が、社会としては健全だっていう考え方ができるんじゃない？

😃：そうね。文化の多様性というのは大事よね。

😃：そう考えるとさ、若者言葉だって文化の多様性の一環だって考えられなくもない。

😃：え？　そうなのかな？　そう言われてみればそういう気もするけど。う〜ん。とにかく若者言葉の問題って、単に言葉の問題じゃなく、どんな社会が望ましいか、といった問題とつながってそうね。

所属		年　　月　　日
番号	氏名	

ワークシート

　以下のことについて各グループで議論してください。
　「若者言葉」に典型的に現れているように、新語がたくさんできたり、言葉が速く変化したりすることは、社会として、よいことか、悪いことか。そもそも社会にとって言葉とはどういう意味を持っているのか？
　まず各人で考え、以下のメモ欄に考えたことを書いてください。そのあとグループで議論してください。グループでとくに結論を出す必要はありませんから、さまざまな角度から考えてください。
(話し合う前のメモ)

（議論のメモ）

解説

　たかが言葉である。なんだっていいじゃない、言葉なんて、通じればいいんだよ。そう考える人もいるかもしれない。しかし、やはり「たかが言葉」ではないし、私たちは日々言葉について考えざるをえない。ちょっとした言葉で相手が傷ついたとか、今の自分の気持ち言葉で表せないなあとか、誰とも一日話さなかったらなんだかおかしな気になってしまったとか、あれ、この人の日本語少し変だなあとか。実は私たちはふだん言葉についていろいろ考えている。

　言葉は単なる手段ではない。人間の本質は言葉であると言ってもいいくらいだ。言葉があることで、人類はここまで文明を築き上げた。コンピューターが開発されたのも、大きな橋を作るのも、映画を作るのも、もっと言えば原爆を作るのも、もとをたどれば、みんな言葉の発明というところに行き着く。全く形が違うものをたとえば「山」とか「机」とかいった言葉でまとめて認識し、それによって、どんどん高次なことを考えることができるようになった。「来月」とか「来年」といった未来のことを考えることができるのも言葉によっている。さまざまな科学技術も、言葉、そしてその延長線上にある数字を発達させることによって発展してきた。環境破壊だって、もとをたどれば、言葉の発明に起源があるとも言えるだろう。

　うれしいとか悲しいとかいった感情も、人間の場合、ほとんどの場合、言葉を介している。私たちは言葉を通して、ものを感じ、喜び、また、怒り、悲しむ。

　もちろん言葉は一人では使えない。私たちは社会の中で言葉を覚え、社会の中で言葉を使う。言葉を考えることは社会を考えることでもある。別の言い方をすれば、私たちは、言葉を使うことで社会を形成してきた。言葉があるから、あの人は自分の母親の弟、あの人は先生、という認識をし、言葉があるから社会を認識する。言葉と人間、言葉と社会は、強く結びついている。だから、言葉を考えることは人間を考えることであり、社会を考えることである。

　さて、今回の「若者言葉」の話題。

　この問題も、これまで同様、早急に答えを出さないで、いろいろな角度から考えてみよう。言葉は変化する。だから、若者言葉が出てくるのも自然。そう考えればそれでよいような気もするが、そもそも言葉が変化するとはどういうことだろうか。

　それは水が上から下に流れるように自然なことなのだろうか。あるいは、変化させたいと思っている人たちがいて、その人たちが変化させているのだろうか。なぜ変化しているのだろうか、誰が変化させているのだろうか。そしてそのこと

はいいことなのだろうか、悪いことなのだろうか、いいとも悪いとも言えないことなのだろうか。

　言葉が変化する、ということで言えば、現在世界の言語の変化でいちばん大きな一つは、多くの少数言語が消滅しつつあるということだ。ユネスコ（国連教育科学文化機関）によると、6,000ほどある世界の言語のうち、半数が絶滅の危機に瀕していて、今世紀中にはなくなるだろうと推測される（1950年以降すでに230の言語が絶滅した）。これをしかたないと見るか、危機と見るかは、なかなか難しい。多くの言語が絶滅することはいいことだろうか、悪いことだろうか。それとも自然なことなのだろうか。ユネスコは、「この動向は決して不可避でも不可逆でもない。ちゃんとした言語政策をとってそうした言語を保持することが必要」と言っている。しかし、なぜ保持しなければならないのか、本当に保持する必要があるのか、と考えてしまうと、なかなか答えを出すのは難しい。

　若者言葉の話題にもう一度戻ると、この問題も、簡単に答えが出せるものではない。若者言葉のメリットは何だろう、デメリットは何だろう。まずはそれらをたくさん挙げてみよう。そしてこのように多角的考えるときには、定性的な思考と定量的な思考を組み合わせることが必要になってくる。定性的な思考というのは、たとえば「いいか悪いかを考える」「メリット・デメリットは何かを考える」といった思考方法だ。一方定量的な思考というのは、「どの程度よいのか、どの程度悪いのか」、「メリットとデメリットはどちらが多いか」というように量や程度を考える方法だ。この定性的な思考と定量的な思考の両方を行わないと、議論にはならない。それがどうなのか、そして、それはどの程度そうなのか、というふうに二段構えで考えることによって、より深い議論ができる。

　「若者言葉」の問題は、大学生には身近な問題なので議論しやすいかもしれないが、逆に身近だからこそ、自分の立場を離れて考えるのがなかなか難しいかもしれない。そういうときはわざと自分の立場を変えてみるのが手だ。自分が自分の親の世代だったらどうだろう。子育てをしている親だったらどうだろう。若者とあまり接触のない老人世代だったらどうだろう。想像力を働かせ、立場を変えて議論してみる。それが社会へ向けての想像力だ。

■参考文献

鈴木 孝夫，1973，『ことばと文化』（岩波新書）岩波書店

4 定住外国人に教える日本語は？

言葉と社会を考える・2

🌙 ダイアローグ

☺:外国から日本に来て定住する外国人も増えてきたわね。

☹:そうだね、大都会だと外国人がそれほど珍しくもなくなってきたね。

☺:外国から日本に来ていちばん問題になるのはまず言葉よね。

☹:そう、日本語は難しいからね。とくに書き言葉は難しいだろうね。漢字なんて何千も覚えなければならないし。

☺:漢字までは無理でも、話すくらいはできたほうがいいわよね。でも話すのもいろいろなレベルがありそうね。何とか意味が通じればいいのかなあ。

☹:買い物したりするのに不自由しない程度ならいいんじゃない？

☺:それだけだったら片言の日本語でもOKよね。でも、それじゃあ、せっかく日本に住む意味がないわね。もっと日本人とコミュニケーションをとりたいでしょうに。

☹:そうかもね。じゃあ、どのくらいの日本語ができればいいだろうか。

☺:コミュニケーションがとれるくらいでいいんじゃない？

☹:コミュニケーションがとれるくらい、ってどのくらいのレベルなんだろう。よどみなくしゃべれるくらい？ あるいは片言でもOK？

☺:少したどたどしくても自分の言いたいことが伝えられるくらいでいいんじゃない？

☹:言いたいことが伝えられるくらいねえ。でも言葉って単に言いたいことを伝えるためにあるわけじゃないよね。仲間を作ったり、一緒に何かしたり、一緒に笑ったりするためのものだよね。そういう意味では、感情を伝えあえるような言葉が必要なんじゃない？ 微妙なニュアンスも伝えられた方がよいだろうし。片言でも意味が通じればいいよ、と言うことは、結局その人と友達になる気はないと言っているようなもんだね。

☺:資料(1)の新聞がおもしろいわよ。この新聞に載っている先生は、「日本語を教えることは結局、日本への同化を強いることかもしれない」って言っている。

☹:同化？

😀：もともと独自の文化をもつ者に、別の文化を押しつけること。

🍵：日本語を教えることが日本の文化を押しつけることになるんじゃないか、ということ？　でも日本に住むんだったら日本の文化を身につけてもらってもいいんじゃない？

😀：でも日本に住んだり、日本の国籍を取得することと、日本の文化に同化しなければいけないことは別ものでしょ。もともとの自分の文化を保持したまま日本国籍をとることだって、当然ありうることだし。

🍵：それはありうるだろうね。でも一方で、現実問題として、日本語をある程度使えるようにならないと、日本での生活は難しい。

😀：方言はどう？

🍵：方言？

😀：○○弁の人が△△弁の地域に移り住んだとき、○○弁の人は△△弁に直す必要がある？

🍵：それは別にいいんじゃない？　方言なんだから。それに標準語があるんだし。

😀：方言か言語かって、実はなかなか難しいみたいよ。資料(2)の新聞記事を見ると、アメリカで黒人の英語は「方言」なのか、独立した言語なのか、という議論があるらしい。もし黒人英語が「方言」ならば、標準的な英語を教えるべきだし、独立した言語ならばそれを尊重すべきだという話みたい。黒人英語について先生がちゃんと認識していれば、それを尊重しながら教えることができるだろうけど、そうでなければ「あなたの英語は間違っている。ちゃんとしゃべりなさい」と叱ってしまうでしょ。それで黒人生徒が落ち込み、なぜ自分たちの言葉は否定されるのだろう、と思ってしまう。

🍵：で、アメリカのこの町では黒人英語を使って標準英語を教えることになったの？

😀：ううん、議論の末、結局この案は葬り去られたらしいけど。

🍵：う〜ん、でも、日本語を修得しようとする外国人に対しても、あまりかちっとした標準語を教えようとしないほうがいいんだろうか。

😀：そうかも。でも、じゃあ、どこまで？　という問題は残るわね。

🍵：身近に外国人がいたら、僕らはどこまで「正しい」日本語を教えればばいいんだろう。

😀：日本語が間違っていたら、すぐ指摘してあげた方がいいのかなあ。別に意味が通じていれば、それをそのまま受け入れていいのかなあ。

所属 _____　　　　_____年_____月_____日

番号 _____　　氏名 _____

🔴 ワークシート

　ダイアローグおよび資料(1)、資料(2)の新聞記事を読み、以下のことについて各グループで議論してください。

　日本に住みはじめた外国人たち(日本に定住する意思のある外国人たち。日本国籍を取るか取らないかは、ここでは問わない)にどんな日本語をどこまでどう教えるべきか？ あるいは教えるべきではないか？　あるいは教える、教えない以外に考えなければならないことがあるだろうか？

　まず各人で考え、以下のメモ欄に考えたことを書いてください。そのあとグループで議論してください。

(話し合う前のメモ)

(議論のメモ)

↓

最後にグループで、議論から浮かび上がってきたポイントを3つのキーワードとして挙げてください。

各グループから上がってきたキーワードを教室全体で報告しあいましょう。

資料

資料(1)

「朝日新聞」2001年5月15日

暮らしの場は(ニッポンのことば第2部「国際化」の中で：3)
教えたいのは「教えないこと」

長野県小諸市の商店街。手打ちそば店の前で店主が説明する。「この道はかつて佐渡の金などが運ばれた北国街道。うちも大きな綿問屋でした」

聞いているのは、日本人大学院生のほか、韓国人留学生や、エスニック料理店の女性店主。これが田中望・立教大教授(53)の大学院の言語多文化学ゼミのひとコマだ。

田中さんは、外国人と共に暮らす地域のありようを探っている。

ゼミ生のほとんどが、大学院に社会人入学した日本語教師。「彼らに教えたいのは『教えないこと』。出会いの中で学ぶ経験をしてほしい」と毎月、小諸に来て、祭りや行事に加わり、小諸と韓国の子供の交流事業も企画・実行する。

いま、高齢化が進む地方の町で、出稼ぎや国際結婚による外国人住民が増えている。

小諸の近くの佐久町に住むAさん(40)は87年、スリランカから来日、日本人会社員と結婚した。日本語が分からず、生活習慣も戸惑うことばかり。「最初の5年はつらかった」

日常会話ができるようになったころ、子供が学校へ。先生からの連絡帳を持って帰るが、文字が読めない。「字を習いたい」。そんな希望を受け止めたのは、ボランティアの日本語教室だった。

90年代、草の根の日本語教室が全国各地で爆発的に誕生した。

そうした動きを田中さんは複雑な思いでみてきた。80年代、国立国語研究所で日本語教育法を研究、帰国した中国残留孤児とその家族の日本語教育に携わった。「脱落する人が何人もいる。日本語を教えることは結局、日本への同化を強いることかもしれない」

その思いは、アジア各地から日本に来た女性の問題を研究するようになって一層強まった。

「日本社会に組み入れられ、子供は日本文化の中で育っていく。日本語さえうまくなれば何とかなると思っているが、読み書きは難しい。彼女たちを生きやすくするのは日本語教育ではなく、周囲の日本人と社会が変わることではないか」

海外技術者研修協会(東京都足立区)のBさん(46)も、主にアジアからの技術研修生に「教えない日本語教育」を目指している。

例えば、「です」と「だ」の違いを学ぶビデオ学習で、リモコン操作は学習者にまかせる。自分は教室の後ろにいて声をかける。「どれが丁寧なオフ

ィススタイルで、どれが友だちスタイルか当てて」。インドネシアの男性が「友だち！」。学習者同士が教え合う。

日本語教育が日本人のように話すことを目標にするなら、外国人には大変な負担だ。「言語を教えるのは、ある種の暴力」とBさんは言う。

日本人の日本語の水準も一様ではない。うまく対話できない日本人も増えている。「タイ方言の日本語、インド方言の日本語でいい。多様な日本語でコミュニケーションするにはどうしたらいいか。日本人も一緒に学んでいく必要があります」

資料(2)

「朝日新聞」1997年1月29日

黒人英語論争　人種間の距離なお遠く

黒人の英語は「独立言語」か、それとも「方言」か、米国で熱い論争が起きている。

火付け役は昨年12月のカリフォルニア州オークランド市教委の「黒人英語は独立した言語」という決議だ。黒人生徒が過半数の同市では、黒人英語を使って標準英語を教える授業が計画されている。

確かに黒人英語には特徴がある。発音だけではない。「I am going」が「I be going」と文法も少し違う。エボニー(黒)とフォニックス(音声)を合わせて「エボニックス」とも呼ばれ、「西アフリカ言語の名残」と指摘する学者もいる。

黒人生徒の成績が低いのは言葉のハンディがあるから——というのが決議理由だが、反響はすさまじく、「差別を固定化する」「劣等感を解消する」などの是非論に広がった。

論争が過熱するのは、黒人英語の容認が「米社会の分裂をもたらす動き」か、「文化的多元主義を推し進めるもの」か、という基本認識の対立が根底にあるからだ。が、長らくこの国で暮らしてきた黒人が、今なお「言葉」で不利益を受けている現実は何なのか。

差別撤廃をうたった公民権法成立から30余年、白人と黒人の生活空間の距離はむしろ開いている。白人が郊外に去り、黒人が都心に残される現象は地方都市に広がった。大学に入って初めて他人種と知り合うという体験が日常的なものになった今、言葉や価値観が相交わる機会は一層限られてきている。

クリントン大統領が就任演説で人種間の和解を訴えた20日は、折しも公民権運動の指導者故キング牧師の生誕記念日だった。「私には夢がある」で始まる有名な演説で、牧師が高らかにうたった「肌の色ではなく人間の中身で評価される国」への道のりがいかに険しいか、「黒人英語」論争は示している。

解説

　第3章で若者言葉について、そしてこの第4章で外国人にとっての日本語ということを考えてみた。

　言葉は本来、力が強い弱いとか政治とかとは無関係なはずだが、現実には大いに関係している。なぜ方言は「方言」になったのか。なぜ東京中心の言葉が「標準語」として闊歩しているのか。なぜ英語が世界の共通語になっているのか。

　国家と言葉は切っても切れない関係にある。「国民国家（nation state）」という言い方がある。「私たち国民」（nation）という枠組みができ、それがイコール国家体制（state）となったとき「国民国家」と言われる。江戸時代の人間にとって「日本」という枠組みがそれほど当たり前だったかどうか。明治国家になって「国民国家」としての体裁が整えられ、新しく作られた学校という制度の下で「標準語」が教えられる（明治の役人たちが「標準語」を作っていく過程をおもしろおかしく描いた作品に井上ひさし『国語元年』がある）。そうして作られた日本語を読み書きする人々が「日本人」だということになり、人々は徐々に「日本人」という意識を持ちはじめる。

　聴覚障害者は長く読唇法というものを養護学校で教えられてきた。読唇法とは、相手の口の動きから言葉を理解するという方法である。え？　聴覚障害者と言えば手話じゃないの？　と思う人が多いだろう。驚くべきことに、聴覚障害者たちは、学校教育の中で手話を学ぶことを許されなかった。なぜか。日本という国家は、長く「手話（日本手話）」を「標準語」とは違うものと見なし（確かに違うのだが）、聴覚障害者たちに手話を教えることは許されなかった（最近一部でようやく認められた）。つまり、手話はいわば方言だから、教えてはならない、というわけだ。

　言葉はもともと多様なものだ。

　少なからぬ日本人が考えているように、A語があってB語がある、ときれいに分かれていて、A語の下にA1、A2、A3という方言、B語の下にB1、B2、B3という方言がある、というような単純な図式は、現実の言語地図では実はあまり存在しない。A語とB語の中間の言葉がいくつかあり、どこまでがA語なのか、どこからがB語なのかはっきりしない、とか、A語は歴史的にはB語からの派生だが、C語の影響も強く受けているので、B語の方言とは言えない、とか、複雑かつあいまいなのだ。

　言語は多様でありダイナミックなものである。まずはその多様性やダイナミズムを認めよう。

　しかし、その上で、多様なものをどう共存させるのか、どこまで多様性を認め

るべきなのか、という問題は残る。「若者言葉」についていつも議論が起きるのはそのせいだ。たしかに言葉は多様だし、また時代によって変化するものだが、多様であることと、すべてそれが社会的に認められるかどうかは別だろう。

　少数言語が滅びようとしているとき、それは自然な流れというより、力関係が必ず作用している。少数言語を維持しようという運動は、必ずそういう力関係そのものを変えようという運動とリンクしている。

　ニュージーランドは、もともと先住民族マオリの人々の土地だった。白人たちが入植して、白人優位の社会になってしまったことに対する抵抗運動が続き、その運動の成果で、現在ニュージーランドでは、英語とマオリ語の両方が公用語とされ、土地や山、川の名前などは、英語とマオリ語の並列表記があたりまえになっている。国名そのものも、ニュージーランドという英語の名前とアオテアロアというマオリ語の名前を並存させている。

　言葉はいつも社会や国家と関係している。

　私たちが日常感覚として「言葉なんて単なるコミュニケーション手段だ」と思っていても、実は単なる「コミュニケーション手段」ですまない構造がすでに存在している。私たちがこの言葉を使うとか使わないとか、若者言葉を使うとか使わないとか、そうしたことがすべて、社会や国家のあり方と直結していると言ってもいいかもしれない。

　言葉をどうすればよいのか、という議論は、つまりどういう社会や国家を作っていくのかという議論と一緒にしないと意味がない。私たちがどんな言葉を選択していくのかということは、どんな社会を作っていこうとするのか、ということと同じ話なのである。

■参考文献

井上ひさし，2002，『国語元年』（中公文庫）中央公論新社

河原俊昭・山本忠行編，2004，『多言語社会がやってきた——世界の言語政策Q&A』くろしお出版

田中克彦，1981，『ことばと国家』（岩波新書）岩波書店

田中望・山田泉・春原憲一郎，2012，『生きる力をつちかう言葉——言語的マイノリティーが"声を持つ"ために』大修館書店

松原好次・山本忠行編，2012，『言語と貧困——負の連鎖の中で生きる世界の言語的マイノリティー』明石書店

5 商店街へ税金投入？

公共性を考える

🎙 ダイアローグ

😀：商店街って行く？

🙂：そういえば、あまり行かないね。車でショッピングセンターに行けば、何でもあるしね。ネットで買うことも多くなったし。

😀：このあいだ、近くの商店街でお祭りがあってね。甥っ子と一緒にのぞいてみたら、結構おもしろかったの。近くの大学の学生たちかな、子ども向けのイベントをやってくれていて、甥っ子も大喜び。

🙂：へえ、そんなのやっているの？ おもしろそうだね。今度行ってみようか。

😀：でも私も久しぶりに行ったの。いつもお祭りやっているわけじゃないし。

🙂：小さいころは近くの商店街にある駄菓子屋さんによく行ったなあ。あの駄菓子屋さん、まだあるのかなあ。今や何でもコンビニかショッピングセンターになってしまったね。

😀：それは時代の流れでしようがないのかなあ。

🙂：しようがないんじゃない？ 商店街だって何百年も前からあったわけじゃないし、せいぜい長くて百年もないでしょ。時代とともに生まれ、時代とともに去っていく…

😀：そうなのかなあ。でも、商店街の活性化とか言って結構いろいろやっているじゃない。

🙂：そりゃ、店主の人たちにとっては生き残りに必死でしょう。

😀：けっこう公金も使われているわよね。

🙂：中心市街地活性化とか言って、けっこう国のお金とか自治体のお金とかつぎ込まれているよね。あれは僕は疑問だな。

😀：そう？ がんばっているのを応援しようというのはいいんじゃない？

🙂：がんばっているのは誰でもがんばっているわけで。僕らの税金が、商売でやっている人たちのために使われるというのはどうなんだろう。その人たちがいなくなると困るというなら公金支出もありえるけど、そもそもみんながショッピングセンターやネットで買うから廃れているんでしょ。消費者がそっちを選んだということだよね。

☺：でもおじいちゃん、おばあちゃんで車を運転できない人とか、中高生とか、まだまだ商店街を必要としている層もいるんじゃないの？

🙂：なら、その人たちをターゲットとした規模の商店街でいいでしょ。全世代を対象としていた旧来の商店街の規模はやはり要らないということだ。

☺：そう言われてみればそうかもしれないけど、でも商店街ってそういう経済的な観点からだけ見ていいのかな？

🙂：というと？

☺：地域のアイデンティティとか地域の顔とかいった側面もあるんじゃないの？

🙂：地域のアイデンティティって？

☺：子どものころの思い出とか、我が町にはあの商店街があるという意識とか、そういう地域への思いみたいなものを商店街が象徴しているから、やはり守らなければ、みたいなこと。

🙂：歴史的な建物を守りましょうとか地域の文化を守りましょうとかいったのと同じ感じ？

☺：そうそう。

🙂：どうなんだろう。だって商店街だよ。商売だよ。もともと経済的な側面から生まれてきたものを、経済的な側面以外のことで守ろうとするなんておかしくないか。

☺：全国どこでも同じようなショッピングセンターがあふれるってなんか健全な社会じゃないんじゃないかという気もするけど。それにショッピングセンターって、なんか、地元のお金が外に行くだけ、という感じもするわね。

🙂：もともと商店街だって、たいていは全国的な商品を売るためにできたんじゃないの？　今でこそ地場商品を売るとかやっているけど。

☺：もともとの形の商店街を復活させればいいと言っているんじゃないのよ。新しい形の商店街を再生させることってやっぱり地域にとって必要なんじゃないかと思って。ショッピングセンターやロードサイドショップ（幹線道路等の沿線で大きな駐車場をもった店舗）ばかりじゃ、やっぱりねえ。

🙂：もちろん僕もそういう商店街を再生させるというのは反対じゃないよ。それで地域が活性化されればうれしいよ。でも、それに公金を支出するのはどうかということなんだ。

☺：私もぜったい商店街を残せとか言っているわけじゃないけど、ある程度公金を使って再生させる価値はあるんじゃないかあ。

🙂：みんなどう思っているだろうね、商店街について。

| 所属 | | | 年 　　　月　　　日 |

番号　　　　　　　　　　　　　　氏名

● ワークシート

　ダイアローグをまず読み、そのあと p.44〜の資料(1)(2)を読み、「商店街を再生させるために税金を投入することは適当か？」ということについてグループで議論し、各グループで結論を出してください。議論の中では、そもそも商店街を再生させる必要があるのか、あるとすれば、そのために税金をどの程度投入する必要があるのか、という点も含めて議論してください。

　まず各人で考え、以下のメモ欄に考えたことを書いてください。そのあとグループで議論し、グループとしての結論を出してください。

(話し合う前のメモ)

(議論のメモ)

↓
(グループとしての結論)

(ふりかえり)
議論から各自が考えたことを短い文にまとめてください。

資料

資料(1)

「朝日新聞」2008年5月11日

ガラガラにサヨナラ
**　常滑の中央商店街、回して笑って**
**　　　　　　　　　　　　／愛知県**

　常滑市のとこなめ中央商店街が、今年3月から毎月第4土曜を「ガラガラ市」の日と定め、福引や露店、フリーマーケットなどの催しを開いている。同商店街はここ数年、窯元のれんが煙突を模したからくり時計台を設置したり、通りに約100体の陶彫を並べたりと、商店街に人を引き込むための試みを続けている。「窯業の景気が良かったころは、歩けないほど人があふれていた」という往時のにぎわいを取り戻せるか。

　4月26日。前日からの雨は、朝のうちにすっかり上がっていた。

　「汁なしのタンタンメン、あと四つね」

　弾んだ声が、青空に響く。近くの中華料理店が、広場に集まった人たちに料理をふるまっていた。商店街のA会長(72)は、自ら車を運転して、店と広場を往復しながら料理を運んでいた。

　「自分たちが動かないと、何も変わらんからねえ」

　戦後の「モノ不足」で、窯業は「焼けば売れる」という時代がしばらく続いた。常滑にはヒトもカネもあふれ、中でも中央商店街は随一の歓楽街として名をはせたという。

　「歩くと、すぐ他人にぶつかってしまう。歌舞伎小屋もあって、新国劇の島田正吾さんなんかもよく来ていた」。Aさんはこう振り返る。

　昭和40年代。窯業にかげりが見えると、人出はめっきり減った。店主の高齢化もある。「何代も続くのれんといっても、もうからなければ、子どもに『継いでくれ』とは言えない」。ある商店主が言う。ピーク時には100店舗以上が軒を連ねていたが、今では35店舗に減った。

　「このままではいけない」と、商店街の役員らを中心に立ち上がったのが21世紀に入るころ。まず手始めに、街のシンボルを造ろうと、05年3月、空き地にからくり時計台を設置した。

　高さ4.2メートル。1日4回、焼き物職人のからくり人形がお目見えし、ろくろをひく。資金の2千万円は、財団法人「地域活性化センター」からの補助金でまかなった。

　「自分たちに出せるお金は限りがある。補助金の存在は大きかったし、市も親身になって動いてくれた」。当時の商店街の役員が話す。

　陶彫を主な通り沿いに置き始めたのは、06年2月のことだ。作品は地元の作家たちから寄贈を受け、作品を置く台の設置には、店主たちも自ら手

伝った。最初は30数体だった陶彫だが、今や、海外からの作品も仲間入りし、100体を数えるまでになった。

そしてガラガラ市。人出が少なく、ガラガラな街の現状を、「福引をガラガラと回して笑い飛ばそう」というのが趣旨だ。

「ガラガラ」は、電気コードを巻く大きな円筒状のリールを、電器店から譲り受けた。福引の景品は、商店街だけで通用する商品券だ。

A会長は「金はないけれど、出来ることをすべてする。行動を起こすことが大事。ちょっとにぎわいが戻ってきたような気がするよ」と話している。

資料(2)

「朝日新聞」2007年9月1日

空洞化の栄町、再生狙う
　集客、相乗効果に期待
　　千葉市計画に国が支援／千葉県

中心市街地の空洞化は県庁所在地千葉市も例外ではない。かつて成田や木更津などから買い物に訪れるほど集客力があった栄町商店街をどう再生させるのか。千葉大、市役所の中心市街地からの移転などで失われたにぎわいを、1日オープンの官民複合の再開発ビル「きぼーる」を起爆剤に取り戻すことができるのか。様々な取り組みが始まっている。

「久しぶりに土、日も店を開け、通りは歩行者天国にしよう」

8月下旬、栄町通り商店街振興組合のA理事長(56)が呼び掛けると、飲食店などから賛同する声が相次いだ。

11月10、11の両日、「楽市バザール」と名付けた試みを行うことに。路上の一部を利用して県産品を販売したり、アジア各国の料理が楽しめたりする屋台を県内各地から40店ほど出店してもらい、相乗効果で集客を増やそうという狙いだ。

商店街の長さは約500メートルで、市民会館(中央区要町)と中央公園(同中央)を結ぶ。かつてはそれぞれの場所に旧国鉄千葉駅、京成千葉駅があり、「苦労しなくても人が集まった」(食料品店店主)が、63年に千葉駅が西に約600メートル移転したことなどをきっかけににぎわいが薄れ始めた。千葉市によると、同商店街の05年の1日(休日)当たりの歩行者通行量は2008人で、90年と比べて約800人減り、空洞化の傾向が止まらない。

今回、歩行者天国と屋台に活路を求めたのは、00年から毎年秋に、中央公園とJR千葉駅を結ぶ「中央公園プロムナード」で行われている「市民フェスタ」にヒントを得たからだ。歩道や公園でオープンカフェや市民の作品の展示などが行われ、3、4千人が訪れている。

そのフェスタの旗振り役の千葉大学大学院の北原理雄教授(都市計画)が、栄町商店街の再生にもかかわる。

パリやサンフランシスコなど欧米6都市を視察してきた北原教授は「歩道を広げるなどハードだけ整備してもにぎわいは生まれない」と話す。

「大手スーパー同士が激しい競争を繰り広げる中で、商店街に大量に人を呼び寄せることは難しい。ただ、こうしたイベントを年1回ではなく、毎月実施できるようになれば効果は期待できる」

商店街に活気が戻れば、懸案となっている老朽化したアーケードの撤去費用の工面など次の手が打てるようになる、と北原教授はみている。

活性化に千葉市も動き出している。

改正中心市街地活性化法に基づく財政支援を受けるため、07年度から4カ年で、歩行者の通行量や施設の利用者の増加などの数値目標を掲げた基本計画を策定、8月27日に県内の自治体として初めて国から認定を得た。

栄町商店街のアーケードの撤去や、それに伴う電線の地中化に向けて、国の事業として補助金を出せるだけに朗報だ。

もう一つの目玉は、総事業費約216億円をかけた「きぼーる」だ。民間商業施設は9月1日に、プラネタリウムがある「科学館」、「子育て支援館」、「ビジネス支援センター」など市の関連5施設が10月20日から順次オープンする。

市は近くにある郷土博物館、美術館との相乗効果で集客拡大に期待をかける。一連の施設の利用者は10年度には07年度の5倍強の89万人になると試算。休日の歩行者の通行量は1日当たり約5千人増やし、約2万4千人にすると意気込む。

千葉の中心市街地に活気があったのは、千葉大や市役所、国の出先機関などが密集していたことも要因と言われる。NPO法人「まちづくり千葉」のB理事(45)は「公共施設の集客力とイベントの集客力の相乗効果で街は活気づく」と「きぼーる効果」に期待を寄せている。

🍡 解説

　本章では、公共性の問題を考えてみた。「公共」とは、ひらたく言えば、「みんなのためになること」だ。
　「公共事業」と言うと、政府が行う事業のことを指す。市民グループがみんなのためになるようなこと、つまりは公益的な事業を行っても、日本ではそれを「公共事業」とは言わない。
　日本でながらく「公共」はつまり「政府が行うこと」だとされてきた。市民グループが「公共的なこと」をしていたとしても、「本来それは政府がするべきことだ」と多くの人が思ってきた。
　しかし、NPO（非営利団体）の活動が活発になるにつれ、考え方を改めなければならないと思う人が多くなった。公共的なことは本来政府が行うべき、という根拠は何もないということに多くの人が気がつきはじめた。それぞれがやればよいではないか。むしろ政府がやるよりも、それぞれがやった方がもっと現場のニーズに近く、もっときめ細やかなことができるではないか。ヨーロッパでは「補完性原則」という考え方が浸透しつつある。地域でやれることは地域で、市民でやれることは市民で、それでもやれないことは地方自治体が、それでもやれないことは政府が、それでもやれないことはEUが、という考え方だ。すべてを政府がやるのではなく、なるべく現場に近いところでやれることはやり、全体として公共的なことを実現していく、という考え方だ。
　と、ここで問題が生じる。そもそも何が「公共的」なのか。
　商店街は公共的なのか。商店街は、べつにボランティアでやっているわけではない。利益のためにやっていると言えばやっている。しかし、商店街が果たしてきた役割というものがある。単に個人の利益ということではない。意識するしないにかかわらず、商店街は、町の賑やかさをもたらし、町のモノの流れを決め、人びとの集まる場として機能してきた。私たちの生活に根ざしたものだった。
　しかし、みんなが車をもつ時代になり、大型ショッピングセンターができ、商店街はさびれてきた。しかし、商店街の役割が消えたわけではない。町の顔としても商店街を再生させたい。そう考える人が多く出てきた。しかし、みんながその意見に納得しているわけではない。商店街なんて、役割が終わったのだから、消えてしまってもよい、と考える人もいる。一方、車が中心のショッピングセンターでは、車をもたない者、運転できない者は買い物に不自由してしまうことになる（近年こうした「買い物弱者」の問題が深刻になりつつある）。やはり身近に商店街があった方がよいと考える人も少なくない。いや、そういう問題は商店街

という経済の問題としてではなく、福祉の問題として別の方法で解決を考えるべきだ、という意見もある。

　何が「みんなが納得する答え」なのか、つまりは何が公共的なものなのか、はっきりとしないのだ。政府のお金、つまり私たちの税金は、個人的な利益のためには投入してはならないことになっている。公共的なものにしか投入してはならない。しかし、何が公共的なのかがはっきりしない。商店街の個別のお店にお金を出すことは公共的とは言いにくいだろうが、商店街全体が活性化するために税金を投入することは公共的かと言われれば、簡単に答えが出しにくい。

　ひるがえって考えてみると、昔だって「公共性」ははっきりしていなかった。道路をどんどん作ることが本当にみんなそう願っていたことだったのか、本当にどこから見ても「公共的」だったのか。

　公共性というのは、最初からあれは公共的、これは公共的でない、と決まっているのではなく、流動的なものだし、境界線もあいまいなものだ。

　だからこそ、何が公共的で何が公共的でないかは、みんなで決める必要がある。むしろ、何が公共的か、というより、みんなで決めるという「公共的な手続き」を経たものが公共性なのだ、という言い方だってできるかもしれない。

　でもここでまた問題が生じる。「みんなで決める」とはどういうことなのか。多数決で決めるということなのか。少数意見は無視してよいのか。「みんなで」の「みんな」は誰なのか。その区域に住んでいる人全員か。その区域の外に住んでいる人には発言権はないのか。そもそもその区域であるかどうかはどうやって境界線を決めるのか。

　政府が一方的に区域を決めて、公共性の中身も決め、勝手にやっていた時代は終わった。私たち自身が「公共性」を考える時代に来ている。

　「公共性」は最初から答えが決まっているものではないこと、みんなで議論すべきであること、さらには、その議論に誰が加わるべきなのか（それも議論すべきこと）、といったところがポイントだ。

■参考文献

延藤安弘, 2001, 『「まち育て」を育む——対話と協働のデザイン』東京大学出版会
中沢孝夫, 2001, 『変わる商店街』（岩波新書）岩波書店
山脇直司, 2008, 『社会とどうかかわるか——公共哲学からのヒント』（岩波ジュニア新書）岩波書店
寄本勝美編, 2001, 『公共を支える民——市民主権の地方自治』コモンズ

第Ⅱ部 根本から考える

6 民族って何だ？

概念をとらえ直す・1

🌑 ダイアローグ

😀：ダルフール紛争って知ってる？
😊：ダルフール？　何かニュースで聞いたことがあるような気はするけど。
😀：僕も最近知ったんだけど、恐ろしいことが起きてたんだね。
😊：恐ろしいこと？
😀：そう。2003年から北アフリカの国スーダンのダルフール地方で起きている紛争でさ、アラブ系の武装組織が、政府軍と結託して、非アラブ系（アフリカ系）を虐殺しているんじゃないかと言われている。
😊：言われている？
😀：そう。わからないことが多いからね。でも、今日まで数十万人がこの紛争で死んだのではないかと言われているよ。
😊：恐ろしいことが起きてるのね。
😀：民族紛争による死者っておそるべき数になるそうだ。1994年にルワンダでフツ族がツチ族を大量虐殺した事件では80万人の人が犠牲になっている。
😊：聞いただけでおそろしくなるわ。
😀：ただね、民族紛争って何なのかよくわからないんだよ。
😊：民族同士がいがみあい、殺し合うことじゃないの？
😀：そうなんだけど、たとえば、ルワンダ。ルワンダの民族紛争について調べてみると、フチとツチって、実は同じ村に住んでたんだって。
😊：え？　同じ村？
😀：そう。同じ村に住んでいて、言葉は同じ。身体的特徴もとくに違わない。それどころか、家族の中にフツもいればツチもいる。
😊：？？
😀：紛争前だけれどね、お父さんがフツで、お母さんがツチなら、子供はフツになる、ということに、政府によって決められていたそうだ。紛争のときには、フツの男性が、ツチの男性に嫁いだ姉の子供（「ツチ」になる）を殺すという悲惨なことも起きたらしい。
😊：なんなの、それ。

😔：民族っていったい何なんだろう。パレスチナ紛争ってあるじゃない。パレスチナ紛争はユダヤ人対パレスチナ人の対立と言われているけどさ、資料(3)を見ると、昔はユダヤ人もパレスチナ人も仲良く暮らしていたらしいよ。それにこの地のユダヤ教徒、キリスト教徒、イスラム教徒、みんなアラブ語をしゃべっていたみたい。パレスチナ人という呼称もあとからできたらしいよ。

😊：あとから？

😔：そう、第二次大戦後、このパレスチナの地にイスラエルという国ができて、ヨーロッパ各地からユダヤ教徒たちが集まってきてかららしいよ。イスラエル国家によってこの地に住むイスラム教徒たちが迫害され、その人たちが「パレスチナ人」とされるようになったってね。資料(3)を見ると、迫害されたのはイスラム教徒だけでもないようだ。もともといたユダヤ教徒の一部も迫害されている。

😊：民族って、そんなに新しくできたりするの？ そもそも民族って言ったら、言葉とか文化とかを共通にする人たちの集まりでしょ。でも、ルワンダのフツとツチはそれじゃあ当てはまらない感じよね。ルワンダのは例外？

😔：いや、そうでもないよ。世界を見ると、意外に「民族」の枠組みがはっきりしないことは多いみたいだ。

😊：たとえば、アメリカの日系三世の民族は日本人？ イタリア系アメリカ人はアメリカ人？ あれ、「アメリカ人」って民族じゃないか。じゃあ彼らはイタリア人？

😔：本人たちが「自分は〜人だ」と思えば、それが民族なのかなあ。資料(2)の人は「ナンブセンジン」って言ってるね。民族って、実態としてあるというより、もしかしたら虚構なんだろうか。

😊：だけど、民族の言葉とか文化を復権しようとかいう運動もあるわよね。日本の国内でも、資料(4)にあるように、アイヌ民族の人たちががんばっているのを聞いたことがあるもの。それを虚構って言っちゃうとやっぱりおかしいんじゃないかな。

😔：でも、民族なんて枠はなくなった方がいいと考える人もいるね。〜人とかではなく、みんな個人でいいじゃないかっていう人たち。

😊：でも、そう言っている人も、まったく集団と離れた個人として生きているわけではないわよね。

😔：う〜ん、民族っていったい何なんだ？

所属		年　　　月　　　日
番号	氏名	

● ワークシート

　ダイアローグを読み、また、資料の4つの解説および新聞記事をグループ内で分担して読んでください(一人1つずつ分担してください)。そのあと、まず各自が読んだ解説や新聞記事をグループ内で紹介しあい、その上で、(1)民族とは何か、(2)民族は今後どうあるべきか、グループで議論してください。

(議論のメモ)

↓

　グループで議論したことを踏まえ、各自、民族とは何か、そして民族は今後どうあるべきか、200字程度で書いてください。

資料

資料(1)

 アフリカの小国ルワンダ。丘の多い地形で、草原が広がる。そのため「千の丘の国」とも言われている。国土は小さいが、人口は約1千万人と多く、アフリカでも人口密度の高い国として知られる。

 この小国で、1994年、世界を震撼させる出来事が起きた。同年4月から7月までのわずか100日間の間に、80万人もの人々が虐殺された。

 殺されたのはおもに「ツチ」と呼ばれる民族の人たち。殺したのはおもに「フツ」と呼ばれる民族の人たち。あるときはフツの武装集団がツチの人々を虐殺し、あるときは同じ村のフツの人たちがツチの人たちを虐殺した。年齢や性別は問われなかった。老人も子供も、男も女も殺された。

 もともとツチとフツの間には民族対立があった。ルワンダはドイツ、つづいてベルギーの植民地だったが、植民地政府で登用されたのはツチの人たちだった。ツチは人数としてはフツに比べ少数派だったが、植民地政府はツチを官僚として登用してルワンダを間接統治した。教育や税金の面でもツチは優遇され、フツはそれに反発していた。第二次大戦後、植民地政府は、急進的な独立を求めるようになるツチへの警戒もあって、フツを支援するようになり、それがますますツチとフツの間の対立を煽ることになった。

 1962年の独立後は、多数派のフツが政権を握り、ツチは抑圧されることになる（多くのツチが隣国に逃げ、難民化した）。しかし政権は次第にツチに対する宥和政策をとるようになった。これにフツの「急進派」が反発、1994年4月6日にハビャリマナ大統領が暗殺されると（誰が暗殺したかは不明）、これを名目としてフツによるツチの大虐殺が始まった。フツ急進派が牛耳ったラジオは、「おまえたちの村にゴキブリがいる。ゴキブリを退治せよ」（ゴキブリとはツチのことを指した）、「ツチが統治していた時代の恐怖を思い出せ」とあおり、虐殺を扇動した。そしてわずか100日の間に80万人ものツチが殺された（100万人にのぼるという説もある）。その虐殺の多くは周到に準備されたフツの民兵たちによるものだったと言われるが、一般のフツによるツチの虐殺も多く存在した。

 この世紀の大虐殺の背景は、もろもろの政治的な要因が絡んでいるが、ツチ対フツという民族対立がその背景になっていることは確かだ。

 しかし、この対立は単純な民族の対立ではないと見る見方も多い。そもそも、フツとツチとがもともと違う民族であるかについても疑問が出ている。最近の研究では、19世紀まで両民族の

間の区分はそれほどはっきりしたものではなかったという。もともと宗教も言語も文化も両者の間にはっきりした違いはないし、お互いの間での結婚も頻繁に行われている。現在でも、両者は同じ村に住み、一緒に生活している。同じ家族の中にツチもフツもいるというのも、珍しくはない。夫がツチで妻がフツというのも、その逆も、珍しくない。私たちが勝手に想像するように、言葉や宗教が違い、別のところに住んでいて、にらみ合っている、という関係ではそもそもないのである。

ではなぜ両者は対立するようになってしまったのか。そこには植民地政府の政策が強く絡んでいるというのが最近の研究の結果だ。ドイツやベルギーの植民地政府は、もともとはっきりしなかったこの二つの「民族」をはっきり区分し、個々人がどちらの民族かをIDカードを配って固定化させた。もし夫がツチで妻がフツの場合はその子供はツチとというふうに決められたのである。そしてその上でツチを優遇する政策を採った。それは、国民を二つに分けて分断させ、一方に一方を統治させるという植民地政府の間接統治の巧妙なしかけだったとも言われる。

このIDカード方式は独立後も続き、ツチとフツの対立は、政治の流れの中でときに宥和され、ときに煽られ、そして1994年の大虐殺に至ったのである。

虐殺が始まって約100日、ツチ率いるルワンダ愛国戦線が首都キガリを制圧し、虐殺は終わった。以降今日に至るまでルワンダ愛国政権による政権が続き、民族を示すIDカードは廃止され、女性の権利拡大などにも取り組む政策がとられている。しかし、1994年の大虐殺の後遺症は、虐殺に加わったとして逮捕された大量のフツの処遇、当時の子供たちへの精神的後遺症、両民族の和解のゆくえなど、さまざまな面で残っている。

資料(2)

「朝日新聞」1994年9月1日

定住夢見るナンブセン人

「ぼくは、ナンブセンジン」といって、Aさん(32)は笑った。

ボクシングジムや居酒屋の看板がせりだすJR川崎駅の裏通り。外国人の労働相談を受け付けるプレハブ2階の組合事務所前で、その言葉の意味を教えてくれた。

〈南武線人〉

それは、「ガイジン」と呼ばれ続けた末、彼自身が思いついた造語。

JR南武線は、多摩川沿いに、川崎市を貫き、東京都立川市まで延びる。パキスタンから来日して4年間、その沿線を転々とした。

東芝、富士通、日本電気──。初めて見た経済大国ニッポンの通勤風景は、沿線にひしめく大工場社員たちの波。その静かな活気を、毎朝、肌で感じてきた。

3年前、勤め先で印刷機に引き込まれ、右腕をなくした。裁判は今年7月、和解で幕を閉じた。左手だけど、最後は握手で別れよう。調停室でそう思った時、社長はもう背を向けていた。

　だから、一つの造語に込めた思いは、三つ。冷たい語感をもつ「ガイジン」への反発と、日本人ではないという疎外感と、南武線への愛着と。

　京浜工業地帯の中核都市川崎。戦前は軍需、戦後は高度成長で、多くの労働者が流れ込んだ。

　そして今、黄色い車両がゆっくり走るこの沿線に、アジアから集まった労働者や花嫁が小さなコミュニティーを作り、暮らしている。川崎市の外国人登録者は約2万人。国籍は89を数える。去年初めて、韓国・朝鮮籍者が5割を割った。

　　　　　　　　＊

　Aさんが「おやじさん」と慕うパキスタン人は、沿線にある2DKのアパートで、体をすくめて見せた。

　「この子たちは、日本で生まれ、日本しか知らない。だから、心は日本人です。ぼくも、日本人になりたい。もし国籍が取れたら、世界中の人を呼んでパーティーするよ」

　ひざに乗せた3歳の長男が、アニメ「セーラームーン」のテレビに合わせて、主題歌を口ずさむ。同胞の妻とともに、すでに4年以上前にビザは切れ、長男と6カ月の次男も在留資格はない。

　「おやじさん」はB、35歳。10年ほど前、コンピューターの技術を学びたくて、6カ月の就学ビザで日本に来た。妻はC、31歳。5年前、2週間の観光ツアーで東京に来た。幼いころ、日本に出張した父の土産は、リモコンで動くパトカー。そして、日本にあこがれた。東京タワー、ディズニーランド──。アジアなのに大都会の街並みが美しい、と驚いた。

　滞在するホテルからCが電話したイスラムの教会で、受話器を取ったのがBだった。それからの毎日曜日、人込みに埋まる東京駅での出会いと、別れ。

　その年の暮れ、2人は結婚した。

　Bの勤めるプラスチック工場の基本給は月約15万円。連日の夜勤や残業をこなせば、月収は35万円を超す。家賃が約7万円。母国への仕送りはない。

　エアコン、ビデオ、電子レンジ、全自動洗濯機、留守番電話……。祖国であまり見かけない家電製品が次々と、部屋を占領していった。

　　　　　　　　＊

　パキスタン。

　1947年に独立後、3度にわたる印パ戦争、3百万人を超えるアフガン難民の流入、クーデターと、戦火と政争が絶えなかった。今、インドとの核開発競争が続く。

　日本に来て、これが平和なんだとわかった、とBはいう。政権交代を伝えるテレビニュースを聞くたびに、驚く。政権が代わったのにデモも内戦もない。

　Cは日本の憲法が戦争を放棄してい

ることを知っている。

「戦争の時、日本人は残酷だった。でも、広島で最悪の経験をして反省し、今の平和があるのでしょ」

そして、安心して歩ける街。子ども2人を連れてバスを降りるとき、見知らぬ女性が次男を抱いてくれたりする気遣いに安らぎを覚える。

そんな日常生活の積み重ねの中で、夫婦は日本での定住を考えるようになる。

Cが長男を産んだのは3年前だった。

「窓口で相談を受けた時、2人は3万円しか持ってませんでした。しかも、不法残留。国の入院助産制度で約30万の出産費用を補助できるかどうか、難しい判断だった」

まだ日本語が不十分だったB夫婦の出産相談を受けた福祉事務所の職員（43）は、そういった。国は原則として、不法残留の外国人には制度を適用しない。しかし、この福祉事務所は人道的な理由から、制度を適用し、通院の付き添い、通訳のボランティアも紹介した。

10年前、年間2百万人だった日本への外国人入国者は去年、370万人を超えた。その約65％が、アジアからやってくる。不法残留者は4年前のほぼ3倍に増え、今、約30万人。多くが定住の希望をもつ、ともいわれる。

各地の自治体窓口やボランティア団体に、在留が「違法」となる外国人がつめかける。結婚、出産、子どもの教育……。相談の内容から、定住をめざす人がここ数年、確実に増えていると、川崎市関係者は指摘する。そのなかで、

「人権を優先するか、法律を厳格に運用するかの板ばさみに苦しむ自治体が多い。アジア人の定住化が進むのは、彼らを労働力として必要とする日本社会の現実があるから。その面から自治体の人道的な配慮は当然です」

と一橋大の田中宏教授はいう。

＊

7月23日、多摩川の花火大会。B、長男と一緒に、河川敷の芝生に座った。

「冬にまず、妻と子をパキスタンに帰すかもしれない」

翌月から夜勤がなくなって収入がかなり減る。いつまでも家族と一緒に暮らせるよう、イスラムの神に毎日、「日本の不景気を何とかして」と祈っている、と明かした。

遠い空に、大輪の花火が浮かんでは消える。

〈息子には、祖国の銃でなくペンを持たせたい。だから、日本がいい〉

Cが数日前もらした言葉がよみがえった。

資料(3)

「朝日新聞」 1996年11月28日

ユダヤ人の旧ヘブロン住民は嘆いた

自動小銃を肩に下げ、過激派のユダヤ人入植者らが商店街を挑発的に歩いてゆく。パレスチナ人住民は怒りとお

びえの目で彼らを見つめる。

　約10万人のパレスチナ人の中に、約450人の入植者が住むヘブロン。ユダヤ、イスラム両過激派によるテロが過去に起き、再発の危険もある。ここからのイスラエル軍撤退問題が現在、和平交渉をこじらせている。

　10日、ヘブロンの市庁舎で年配のユダヤ人8人がナチェ市長らパレスチナ人と肩を抱き合い、語り合った。「パレスチナ人とユダヤ人は、仲良く暮らせるはずだ」

　過去にそういう時代があったように――。

＊

　8人のユダヤ人は、イスラエル建国以前にヘブロンに住んでいた旧住民だ。その1人、現在はエルサレムで小さな調理器具工場を営むヨセフ・エズラさん(62)は語る。

　「『入植者』と呼ぶのは正しくない。入植とは何もない土地に住むこと。彼らは我々の家を不法に占拠した『侵入者』だ」

　ヘブロンにおけるエズラ家の歴史は、5百年前にさかのぼる。

　1492年、イベリア半島南部グラナダの陥落でスペインからイスラム勢力を駆逐したキリスト教勢力は、ユダヤ人約4万人も追放した。ヨセフさんの祖先は新天地として、ユダヤ人の先祖アブラハムの墓があるヘブロンを選んだ。オスマン・トルコ支配下にあったパレスチナでは、ユダヤ人とアラブ人(パレスチナ人)が平和に共存していた。

　だが、20世紀に入り、英国の委任統治下でシオニズム(ユダヤ人の郷土復帰)運動が活発化し、ユダヤ住民とアラブ住民の間に摩擦を生じた。1929年、ヘブロンでアラブ暴動が起き、67人のユダヤ人が虐殺された。ユダヤ住民は委任統治政府の指示で市外へ移ったが、代々チーズ造りをしてきたエズラ家は家業を守り、アラブ服を着てヘブロンに残った。

　ヨセフさんが2歳の時、エズラ家はヘブロンでただ1軒のユダヤ世帯になった。エズラ家がユダヤ人であることは周知の事実だったが、委任統治政府に通報する人はいなかった。

　ヨセフさんはパレスチナ人の小学校に通い、パレスチナ人と遊んだ。「42年に母親が死んだ。その後、私を励まし、何かと助けてくれたのはパレスチナ人の友人たちだ」

＊

　47年11月29日、国連総会はパレスチナ分割案を採択した。ヘブロンは「アラブ国家」に区分された。エズラ家は戦争を見越して、翌日、エルサレムに移った。48年、イスラエル建国に伴う第1次中東戦争の結果、ヨルダンがヘブロンを含むヨルダン川西岸地区を占領した。

　それから20年。67年戦争で、今度はイスラエルが西岸を占領した。だが、ヘブロンへの帰還を夢見ていたヨセフさんの父親は戦争終結の翌日に死ぬ。

すぐに、各地で入植地の建設が始まる。ヨセフさんは政府に「ヘブロンの家に戻りたい」と請願した。だが、政府は禁じた。

ヘブロンは48年戦争後、パレスチナ難民がどっと流れ込み、人口数万の都市になっていた。政府は、パレスチナ人の町にユダヤ人を混住させて摩擦を招くことを恐れた。

しかし、70年代に入り、過激な宗教勢力が強引にヘブロン市内の旧ユダヤ人地区の建物を占拠する。政府は当初、彼らを強制排除したが、やがて、なし崩し的に居住を黙認する。

ヨセフさんは「ヘブロンの私の家に過激派のラビ（ユダヤ教指導者）が住んだことがある。会いに行くと、ラビは怒り、軍の兵士を呼んだ。私は自分の家からつまみ出された。裁判所も私の所有権を認めたが、いまだに返還も補償も受けていない」と怒る。

いま、ヨセフさんのヘブロンの敷地には新たなアパートも立ち、多くの家族が住む。旧住民の36家族が同様に所有権を主張しているが、政府は占領地の「特殊事情」を理由に旧住民の主張を拒んでいる。

　　　　　　　＊

ヨセフさんはパレスチナ人の幼なじみといまも交友がある。市役所の幹部からイスラム組織のメンバーまでさまざまだ。「同じユダヤ教徒の入植者より、彼らの方が心を通じ合える。旧住民はアラビア語を話し、アラブの心を理解

した。67年に我々の帰還が許されていれば、和平のかけ橋になれたのに」と嘆く。

ナチェ市長は「トラブルを起こす過激な入植者たちは町の敵だ。だが、和平の手を差し伸べるユダヤ人には、我々も手を差し伸べる」と、旧住民が帰還するなら歓迎すると語った。

入植者リーダーの一人であるノアム・アーノン氏も、パレスチナ人との平和共存の希望を語るが、「我々は何千人ものテロリストに囲まれている」として、イスラエル軍の撤退に強く反対している。

入植者らはヘブロン中心部に住みながら、パレスチナ人と接触しない。お互いを知らないことが、敵意を増幅させている。

ヨセフさんは「ヘブロンがパレスチナ国家の一部になっても、故郷に帰りたい」と願う。だが、ヨセフさんは、48年戦争で家を失った約90万人のパレスチナ難民といわば同じ立場だ。難民問題が解決されない限り、願いはかないそうにない。

資料(4)

「北海道新聞」2009年1月6日

アイヌ民族のサークル「ウタリカリプ」 伝統と今　伝えたい

熱く語る人、酔って踊り出す人、たまに飛び交う下世話な話。笑いが絶えず、歓談が続いた――。昨年10月末の

第6章　民族って何だ？

夜、旭川市内のロッジで開かれた若いアイヌ民族のサークル「ウタリカリプ」の第１回交流会。十勝をはじめ全道から20－30代の約20人が集まった。

結成を呼び掛けたのは、伝統舞踊「リムセ」に取り組む帯広市の会社員Aさん(31)、Bさん(27)夫婦。アイヌ民族の若者が自主的に全道規模のサークルをつくるのは珍しい試みだ。

興味を持つ

Aさんは小中学校時代、アイヌ民族というだけで「汚い」「触るな」と差別され、「目立たないように生きよう」と決めた。だが、26歳のころ、いとこで帯広市出身のCさん(23)＝札幌市在住＝がステージでリムセを毅然と踊る姿を見て「アイヌとして堂々と生きたい」と意識が変わった。

「交流は、自分たちに興味を持つきっかけになればいい。アイヌ語、歴史、踊りなど何だっていい」。Aさんは力を込める。

背景には、侵略と差別により、アイヌ民族が固有の文化を継承できなかった問題がある。Cさんは言う。「悲しいけど、アイヌ語や風習を両親から学ぶことはできない。研究を進めた和人に教えてもらうのが現実だ」

各自が工夫

サークルの名称の「カリプ」は「輪」を意味する。上下関係をなくすため、リーダーは置かない。活動内容や規則も決めていない。

Dさん(23)＝釧路管内白糠町＝は「きっちりしていない方が、動きやすい。それぞれがやりたいことをできるから」と理由を話す。

伝統舞踊の活動は、その現れだ。昨年６月、石狩管内当別町で行われたイベント。男性陣６人は、本来２人１組で踊る「エムシ・リムセ(剣の舞)」を三組で同時に踊った。同じリムセにも違う踊り方があることを示し、インパクトを与えたかったからだ。異例の試みに、会場から大きな拍手がわいた。

演じたCさんは「批判はあっても、今を生きるアイヌが踊りを工夫するのは間違いではない」と強調する。同じくDさんは「若者だけでやり遂げた達成感があった。今後も何ができるか考えたい」と意気込む。

サークルの創設自体は2007年11月。当初のメンバーは９人で、Aさん夫婦ら十勝出身者が７人と最も多かった。各自が自由に声をかけて集め、今は札幌市や日高管内平取町など全道各地の約25人に増えた。

思いは一つ

「交流会に専門家を呼びたい」「メンバーに和人が入ってもいい」——。意見は違っても、「ウタリカリプの『輪』をもっと広げたい」との思いは一つだ。

第２回交流会は近く札幌で開く予定。Aさんは「前回は初顔合わせと飲み会になっちゃった。次こそは大まかな理

念も話し合わなきゃ」と苦笑する。
　つまずいてもいい。ゆっくりでもいい。走りだしたことに意味があるのだ。

第6章　民族って何だ？

解説

　民族、というと通常、「言語や文化を同じくした人たちの集団」といったふうに思われている。しかし、世界中の「民族」の例を見てみると、そういう定義が必ずしも当てはまらないことに気がつく。

　資料でもとりあげられている「ユダヤ人」の例を考えてみよう。もともと現在のイスラエルの地（パレスチナと呼ばれていた）にいたユダヤ教徒たちは、アラビア語を話し、イスラム教徒やキリスト教徒と共存していた。それが、イスラエル国家の建設の中で、ヨーロッパから流入してきたユダヤ教徒たちといっしょに「ユダヤ人」という枠の中に押し込められ、イスラム教徒たちと対立する図式の中に放り込まれた（資料(3)のヨセフさんがそれだ）。一方、そのときに追い出されたり、迫害された彼の地のイスラム教徒たちは、自分たちを「パレスチナ人」と呼ぶようになる。もともと「パレスチナ人」という呼称は存在しなかった。パレスチナではユダヤ教徒、イスラム教徒、そしてキリスト教徒がお互いにアラビア語を話しながら共存していた。それが、イスラエル建国によって、パレスチナに住む（あるいはパレスチナを追い出された）イスラム教徒だけが「パレスチナ人」になった。パレスチナ人という枠組みは、そうやって歴史的に生まれたものである。「ユダヤ」という枠組みも、言葉や文化ではなく、本来宗教の枠組みでしかない。

　南太平洋にソロモン諸島という小国がある。人口50万人足らずのこの国には、100ほどの言語がある。平和だったこの国に、1999年、突然のように民族紛争が勃発した。ガダルカナル島という島の人たちとマライタ島という島の人たちとの対立だった。しかし、ガダルカナル島の中には20の言語があり、マライタ島には12の言語がある。もともと島の中のまとまりがあったわけではない。しかし1999年から起こった民族紛争では、この2つの島の人たちが武装して対立し、多数の死者が出た。民族紛争の背景には、ガダルカナルにマライタ人がたくさん移住して経済を握っていたという経済的、あるいは政治的な背景が存在していた。民族が違うから対立していたわけではない。さらに言えば、実際に対立していたのはガダルカナルのごく一部の人たちとマライタのごく一部の人たちだった。

　ルワンダの「民族紛争」の例でも、殺した側のフツ民族と殺された側のツチ民族の間に、身体的な特徴の差も、そして文化や言語の差も実はなかった。それどころか、同じ村の中、同じ家族の中に、フツとツチが存在していた。ルワンダの歴史をたどると、ドイツ、ベルギーと続く植民地支配の中で、もともとあいまいだったフツとツチという集団区分が固定的なものとされ、支配をスムーズにするように利用された、ということがわかる。植民地政府はツチの枠に入れた人々を

官僚として登用し、支配の道具とした。そこからフツとツチの間の「民族対立」が生まれた。「民族」は作られたものだったのである。

「日本人」という民族枠組みだって、あやしい。どこからどこまでが「日本人」なのか。長らく日本と文化を大きく異にしていた沖縄の人々は「日本人」なのか？江戸時代の人々は「日本人」という意識を持っていただろうか。

どうやら「民族」という枠組みはそうとう恣意的で、国家による支配、政治や経済と密接に関係していそうだ。単純に言葉や文化の話でもなさそうだし、なにより「〇〇人」という枠組みもあやしそうだ。

とすれば、「民族」なんか虚構だ、と言いたくなる。民族なんて歴史の中で勝手に線引きしたもの、本来は意味のない枠組み、と言いたくなる。

しかしそうだろうか。資料にあるアイヌの人たちのアイヌ文化復興の動きを前に、そんなの虚構だ、と言えるだろうか。パレスチナ人に対して、「パレスチナ人」という枠組みも虚構だよ、と言えるだろうか。アイヌの人たちもパレスチナ人も、もとからある枠組みにこだわっているというよりも、抑圧されてきた歴史の中で、さらにはその構造を変えようという運動の中で、「アイヌ民族」、「パレスチナ人」という枠組みを自覚していくのである。

民族を初めとして社会的な集団や枠組みは、いつも流動的だ。そのことをまずは押さえておきたい。その上で、流動的だから虚構なのではなく、その流動的な動きの中で、何のための枠組みなのか、その枠組みは何をもたらし、何を切り捨てているのか、そこを見ることが大事だ。つまり、「民族」がある、ない、と議論をしてもしようがなく、また現実から離れて民族とはこうだと定義してもしようがない。絶えず動いている世界の構造の中で民族という枠組みがどういう役割を果たしているか、民族という枠組みがプラスに働く場合はどういうときか、マイナスに働く場合はどういうときか、を考えるべきだろう。「民族」だけ取り出して、あるとかないとか言ってもしようがない。この世界の構造の中でそれを捉えなおす必要がある。

■参考文献

上村英明，2007，『知っていますか？アイヌ民族一問一答（新版）』解放出版社
萱野茂，1990，『アイヌの碑』（朝日文庫）朝日新聞社
田中宏，1995，『在日外国人——法の壁、心の溝』（岩波新書）岩波書店
広河隆一，2002，『パレスチナ（新版）』（岩波新書）岩波書店
山内昌之，1993，『民族と国家——イスラム史の視角から』（岩波新書）岩波書店

7 貧困って何だ？

概念をとらえ直す・2

🌓 ダイアローグ

😊：このごろ日本やアメリカといった先進国の貧困について言われているじゃない。

🌓：そうだね、働けども働けども、家族を食べさせることができないワーキング・プアとか、仕事がない若者とかね。お金がないと何も買えないし、食べられない。そういう人がいない世の中にしないとね。

😊：でも、お金がないと本当に食べられないのかなあ？

🌓：というと？

😊：自分で田んぼや畑を耕したらとりあえず食べられるんじゃないの？

🌓：自給自足ってこと？　でも、電気も水も買わなくちゃいけないし、食べるものすべてを自分で作るなんて無理なんじゃないの？

😊：というか、貧しいってこととお金がないってことはイコールなのかな？

🌓：そうなんじゃないの？

😊：なんか違和感があるのよね。確かにお金が全くないというのは貧困だと思うけど、じゃあどれだけあればいいんだろう？　それに、お金さえあれば貧困ではないのかなあ？

🌓：精神的な貧しさとかってこと？

😊：そうことも含むかもしれないけど、いきなり精神的なことに飛ばなくても、社会によっても貧しさの基準って違うんじゃないかな？　こんな文章があるわよ。アフリカのザンビアの農村についての報告なんだけど、村の人にとって貧しいということとお金をもっているかどうかが一致していないという話。

「農村で驚いたことの一つに人々の豊かさに対する考えとそれがお金を持つこととどう関係しているかがある。私たちはある家族と話しすべての村人に対して一番豊かな人から一番貧しい人までランクを付けてもらい、またその理由、つまりなぜある人は豊かで、ある人はそれほどでもなく、またある人は貧しい

> のかを尋ねた。そこでわかったことはこの分析においてお金は人々にとってほとんど意味をなさないということである。村で最も貧しいとされた人は実はおそらく唯一給与所得を得ている人であった。しかし村人にとってそれは考慮に入らない。というのは、この人はウシも持っていないし、結婚もしておらず、子どももいないからだ。重要なことは、彼らがあるライフスタイルを持ち、気前よく人生を楽しみ、多くの子供たちに囲まれて暮らすことができることなのだ」（ロバート・チェンバース『参加型開発と国際協力』訳書p.410に引用されたデリア・ポールの報告）

😐：へえ、おもしろいねえ。

😀：つまり、貧困って社会によってずいぶん違うんじゃないのかなあ。お金も確かに大事な要素かもしれないけど、それだけじゃないってこと。

😐：でもこのザンビアの報告にある、子供がいるとか、人生を楽しんでいるとかっていうのは、世界共通な気がするね。

😀：そう。共通の部分がありそうね。それもお金だけじゃなく。教育が受けられているかどうかとか、食料や水・エネルギーが容易に手に入るかどうかとか？

😐：家族や仲間と楽しく暮らしているかどうかとか？

😀：そういえば、私たちは発展途上国の普通の人たちの生活をよく知らないわね。勝手なイメージで、貧しいとか、反対に精神的には豊かじゃないのかとか考えている。資料(1)、(2)は、バングラデシュのごく普通の庶民の生活を描いたものなんだけど。資料(1)のジョベダさんとか資料(2)のハフェーズ・バイさんとかって、貧しいのかなあ？

😐：貧困って何だろうね？

😀：貧困が何かってことは、貧困をどう克服するのか、ってことと関係してくるわね。先進国に住んでいると、貧しいってことは企業の経済活動が少ないってことかな、とか考えて、じゃあ経済活動が活発になればみんな豊かになれるんじゃないか、って考えがちよね。けど本当にそうなのかなあ？

😐：企業の経済活動のせいで環境破壊が起きて逆に住民の生活が貧しくなるなんて例も聞いたりするね。でも、経済全体のパイが大きくなるから、いずれ全体が豊かになる、っていう考え方もある。

😀：経済のパイを大きくする以外の貧困克服って、先進国の私たちには想像しにくいわね。でも、何かありそうな気もする。

所属		年　　　月　　　日
番号	氏名	

● ワークシート

　ダイアローグおよび2つの資料を読み、グループで「いったい貧困とは何なのか？」について議論しなさい。

(議論のメモ)

↓
貧困とは何か、各自、自分なりの定義を200字程度で作りなさい。

最後に教室全体で何人かの貧困の定義を披露しあってください。

資料

資料(1)「バングラデシュの女性たち」

ジョベダさんの場合

ジョベダさんは推定38歳。マニクゴンジ県ポイラ村に住む貧しい女性です。古くからのシャプラニール*のショミティ*メンバーで、私が訪れた時も竹籠や茶こしを作っていました。村の女性には珍しく眼鏡をかけた顔に、彼女の知的な表情がうかがわれました。

彼女のお父さんはほんの少ししか土地を持っていなかったので、その土地だけで家族全員に食べさせることはできず、日雇いでなんとかその日その日を暮らしていたそうです。お父さんは貧しいが故に、結婚するのが遅れ、またお母さんは逆に幼くして結婚したので、お父さんとお母さんはかなり年齢が離れていたそうです。ジョベダさんは7人兄弟姉妹の6人目として生まれ、彼女が2、3歳の時お母さんは無理なお産がもとで亡くなり、お父さんはそのすぐ後、再婚しました。この新しいお母さんも再婚だったそうです。

ジョベダさん自身は学校へ行きたかったそうですが、貧乏なので行かせてもらえませんでした。彼女は、子どもの頃から手先が器用だったので家計の足しにと竹細工を見よう見まねで始め、仕事を覚えるとすぐに結婚させられたそうです。11歳の時です。

結婚した相手の人は再婚で、前妻がやはりお産で亡くなったのだそうです。彼はまったくの土地なしで、あまり要領のいい人ではなかったので定職につくことができず、彼女が竹籠などを作っては家計の足しにしていました。このような作業は普通男の人の仕事ですが、彼女は生活のために作り、夫や子どもが町で売っていました。

彼女は、9人の子どもを産んでいますが一番最初の子を出産の翌日に、7番目の子どもを2ヵ月後にそれぞれ亡くしています。不用意に私が死んだ原因やその時の想いなどかなり突っ込んで聞いたので、彼女もつらい日々を想い出したらしく「そんな昔のつらかったことを想い出したくない」といささか興奮させてしまいました。現在彼女の7人の子どもたちは、男3人女4人。最後に産んだ男の子を除く全員が既に結婚し、3年前に夫が亡くなってからは、4番目の娘夫婦と2人の孫と一緒に暮らしています。

20年前にこの村に入ってきた日本人が始めた手工芸品生産グループのメンバーになってから竹細工の仕事が飛躍的に増え、貧しかった生活をかなりの部分で支えることが出来るようになりました。もともと器用な彼女はすぐに皆のリーダーとなり、首都ダッカへの納品、仕事の配分、新しく入ってきた人に仕事を教えたりと、積極的に働き

ました。注文の多かった時には、ひと月に2,000タカ*ほどの収入がありましたが、現在では仕事が減り、仲間20人で、ふた月2,200タカの仕事にしかなりません。「一番仕事の多かったときに大きくなった一番末の息子だけは、どうにか学校にやることができましたが、他の子どもたちは学校にはとても行かせられなかった」と言っていました。

彼女は今、手工芸品の仕事のほかに、あひる、鶏、ヤギの世話などをして生計をたてています。1991年には、今までのショミティでの活動が評価され大臣から表彰されています。実は最初に名前を聞いた時、彼女は自分の本名を知りませんでした。「ジョベダ」これだけが彼女の唯一の名前なのです。私が聞くと「まぁ、ジョベダ・ベグムとでもしときましょうか」とはっきりしない答え。結局この表彰状を後から彼女が持って来て「ベグム・ジョベダ・ベグム」と書いてあったので、彼女の正式な名前がわかったというわけです。しかし、彼女にとっては「ジョベダ」だけが、唯一の名前で、前と後についている「ベグム」という名前は普段の生活の中では、必要ないのかも知れません。彼女は、以前シャプラニールの識字教室で文字を習ったんだと言って、自分の名前をノートに書いてくれました。彼女が細かな手先で作った竹細工のできばえを目の当たりにしている僕から見れば、拙いたどたどしい文字がそこに並んでいるだけでしたが、

彼女が自分の名前を書く姿を見ていると「こんな私でも、自分の名前が書けるのよ」と、自信たっぷりの表情がうかがえました。

ジョベダさんの家を訪れたのは12月でしたが、この日は、朝からあちこち歩いていろんな所で働く女性たちの姿をこの村の中で見ました。畑で男たちと一緒にじゃがいもを掘っている人、お弁当箱を下げ「どこへいくの」という私の質問に「近くの街で、日雇い仕事に行くの」と笑いながら答える女性のグループ。近くのオフィスの土盛りのために鍬を持って土を掘り起こしている女性。またそれをせっせと持って運ぶ女性。こんなに人前で働いている女性をほかの地域で見ることはありません。

ここポイラでは、「パルダ」*は既になくなっているといってもよいかもしれません。現在(1994年末)このあたりの1日の日雇い労賃は、男50タカ、女30タカ（ちなみにお米1キロ11〜13タカ）です。女性の日雇の労賃の相場が決まっている地域はとても珍しいのではないかと思います。

そこで最後に、彼女に質問しました。「最近この村では、女性が畑で仕事をしていますが、あなたから見てどう思いますか」。

「昔、女性は畑に出て仕事をしなかった。今でも私は女性は家で仕事をする方がよいと思います。女性は、手工芸のような家でできるものをする方が

いいのです。今の人たちみたいに畑へ出て女の人が仕事をするのはおかしいと思います」。

＊シャプラニール：1972年設立の日本の国際協力NGO。
＊ショミティ：農村における自立のための相互扶助グループ。
＊タカ：バングラデシュの通貨。この文章が書かれた1995年5月時点で1タカ約2.3円。
＊パルダ：女性を家族以外の男性の目から隠す習慣。

（筒井哲朗，1995，『バングラデシュの女性たち』
シャプラニール）

資料(2)「あるバングラデシュ農民の生活から――ハフェーズさんの暮らし」

家族

　ハフェーズ・バイの一家は妻、息子3人の5人家族である。現在の奥さんとは先妻が3年前亡くなった後再婚した。奥さんのラジア・ベグンは18歳、長男のルッポル・ラーマンは18歳、次男のユノース・ミアは15歳、三男のラジーブ・ミアは1歳6ヶ月（1994年2月現在）。長男と次男は先妻との間に生まれた。ほかに病気で死亡した2人の息子がいた。

　農村では、多くの人が経済的な理由で十分に教育を受けることができない。小学校を卒業する人は10％程度という報告もある。しかし、ハフェーズ・バイの教育に対する意識は高く、長男は高校を終了し（日本の高校1年に相当）、昨年SSC（第二種学校終了試験、日本の中学校卒業認定試験にあたる）に合格した。次男は8学年（中学校2年に相当）終了後、母親が入院したため学校に行かなくなりその後復学していない。

　長男は高校を終了した後、ダッカに住み縫製工場の技師見習として働いており、次男は近郊の村に住み込んで働きに出かけている。

　ラジアさんは学校に行ったことがない。この国では女性が教育を受ける機会は少ない。多くが20歳前に結婚するため、「教育を受けさせても見返りがない」と考える人が多いためである。

　また、女性の多くは、ほとんど家の近辺から外に出かけない。半径数10キロはおろか、数キロの範囲から外に出ることなく一生を終える人もいるようだ。

　ラジアさんも郡庁のあるギオールへは数回出かけたことがあるが、県庁所在地マニクゴンジや首都ダッカへは行ったことがない。

　彼のバリ（家）には住居の他、貯蔵小屋、食事と稲わらの保存用の小屋、集会のための小屋がある。となりには弟の家族と、またいとこの家族のバリがある。

一日の暮らし

　朝、日が昇る前に起きる。一日は日の出前の礼拝から始まる。どこにいても未明、正午、午後、夕方、夜と、五度の礼拝を欠かさないように努めている。

朝はムリという炒りごはんを軽くつまみ、ゆっくりした時間を持つことが多いが、忙しいときは日の出と同時に田畑に出る。

食事は1日2回が普通だが、ハフェーズ・バイの一家は3回である。普段は仕事の合間の10時と、午後2時頃にバリに戻って食事する。夕食は仕事を終えてしばらくたった8時頃。奥さんが30分程かけて用意する。季節の野菜や時々魚が入ったカレーをかけたご飯（トルカリとよばれている）が普通である。例えば6月はトルカリに入っているのはオクラ、10月は野菜が少ない時期なのでほとんど汁だけで、1月は冬瓜、ジャガイモである。ご飯は日本の炊き方とはずいぶん異なるため、米の量は多く2合近く食べる人もいる。ハフェーズ・バイの家族3人で1日約10合消費している。家でお茶を飲むことはない。食材の多くは自ら耕作してできた物であるが必要に応じて近所の人から現金で買うか、交換し合って手に入れる。

2月、3月、5月、10月の農繁期は食事の後、すぐに畑にもどるが、暇なときは午後2時の食事の後、買物などに出かける。金曜日は正午の礼拝と昼食後に知人や親戚の家を訪れることが多い。

夕方、日没の礼拝後、カラシ菜油のランプの明かりの下、近所の人たちと話してすごす。

夜11時ごろ、礼拝をして1日は終わる。

ラジアさんはふだんは家事の他に稲の籾取り、ニワトリやヤギの世話などをし、実家に出かける以外はほとんどをバリで過ごす。

生計

農業で生計を立てており、4ビガー（土地の単位の一つ。1ビガーは約0.16ヘクタール。4ビガーは0.5ヘクタール強）の土地を持っている。

父親が亡くなったとき、ハフェーズ・バイは2ビガー弱を相続した。その後働いて、71年の独立戦争前に1ビガー、91年に1ビガーずつ買取り少しづつ所有耕作地を増やしている。91年のときは貯金と飼っていた牛4頭を売って資金を作り約2万タカで購入した。バングラデシュでハフェーズ・バイと同様の生活水準におかれている農民が土地を増やしていくことは大変困難なことである。現在のハフェーズ・バイの3ヵ所の所有地は、それぞれ1ビガー、1ビガー、2ビガーと村のあちこちにバラバラに離れている。

例年、隣村の人の土地を借り、雨期には合せて大体6〜8ビガーを耕作している。

乾期はジャガイモ、なす、唐がらし、玉ねぎ、小麦、ダール豆、大根などの野菜を作り、また、ボロ稲（陸稲）とカラシ菜を交互に作る。雨期にはアウス稲（浮き稲）とジュートを作っている。バリの隅で瓜や冬瓜を育てており、コ

コナッツやサトウナツメヤシの木も植えている。現在は家畜としてやぎと鶏を飼っている。このうちジャガイモとジュート、カラシ菜の種を換金し、他の農産物はほとんどが家族で消費する。家畜は宗教儀礼の犠牲祭に捧げるか、あるいは必要があれば売ってお金にする。

昨年は、借地代として渡した分を除くと、アウス稲から米が15モン強(1モンは約37キログラム強)、ジュートは約2モン、ジャガイモは約50モン取れ、例年よりよかったという。以前はジュートの作付け量は多かったが、買価がじりじりと下がってきたことと、収量が減ってきているため年々作付けは少なくなっている。野菜は近年よく作るようになった。ノルクリア村に住む他の人に聞くとハフェーズ・バイの農作物取れ高は平均より良いようである。

普段は自分だけで働いているが、農繁期には長男や次男、2、3人の村人に日当を1日20タカぐらい払って、手伝ってもらう。他の人の土地で取れた物は半分ずつを自分とその土地の所有者とで分け合う。乾期にはかんがいポンプでくみ上げた水を引き、収穫の中から3分の1をポンプの所有者に渡す。

仕事、生活の中心となる暦はベンガル暦(サンスクリットに由来する太陽暦)によっている。作付や取り入れなどは、例えば「オグロハヨン月(11月中旬から12月中旬)のはじめにジャガイモを植え、マーグ月(1月中旬から2月中旬)に収穫できるが、ファルグン月(2月中旬から3月中旬)に収穫すれば高く売れる」、という具合である。バングラデシュの農民は祭事を除き、太陰暦であるイスラム暦を用いることは少ない。日常では西暦もほとんど意識していない。

農具は鋤や鍬など必要な物を全部は持っていないので近所の家どうしで融通しあうが、お金を払ってトラクターや牛を借りるときもある。

「肥料を撒いたり土地を増やすよう努力していますが、家族が生きていくためにはこれだけでは充分ではありません。アッラーにいつもおまかせしていますので、年によって多く取れたり少なく取れたりすることはしかたがないことです」。

ハフェーズ・バイは土地を全く持たない最低辺層の農民とそれよりやや裕福な層との境くらいの生活水準である。しかし、少しでも天災にあったり家族に病人が出ればあっという間に貧しい農民の生活水準まで下がる危険にさらされている。

(杉本尚隆, 1994,『あるバングラデシュ農民の生活から――ハフェーズさんの暮らし』シャプラニール)

🌀 解説

　第6章の解説でも少し触れた南太平洋の小国、ソロモン諸島。ソロモン諸島の村々は、どこも自給自足の度合いが高い。しかし、自給自足と言っても、住民たちはお金が不要なわけではない。学校教育にもお金が要るし、子供の結婚にもお金が要る。だが、村でお金を稼ぐのはたいへんだ。

　村でお金を稼ぐ手段の一つにカカオの生産がある。ソロモン諸島で住民によるカカオ生産が盛んになったのは1980年代。以来、住民たちの多くは、カカオを重要な現金収入の一つにしている。とはいえ、そんなに大きな収入になるわけではない。熱心にカカオを生産している人でもせいぜい1週間に10キログラムくらいだが、仲買業者に売るときの値段は、1キロ30円くらい（2006年時点の話）。つまり1週間で300円くらいの収入、1ヶ月で1,200円くらいの収入にしかならない。別段仲買業者がボロもうけしているわけではない。カカオの価格は、国際相場なので、生産者や中間業者が勝手に決めるわけにはいかない。

　私たちがふだん食べているチョコレートは、たとえば、50グラムで100円といった値段がついている。50グラムで100円ということは、1キロに直すと2,000円。生産者の手取り30円が、私たち消費者のところでは2,000円になっているというわけだ（もちろんチョコレートの中に入っているのはカカオだけではないが）。

　こういう国際的な格差が厳然と存在する。しかし一方で、ではソロモン諸島の住民が本当に「貧しい」のかというと、なかなか難しい問題だ。どのくらい現金収入があるかだけで見れば、ソロモン諸島の住民たちは貧しい。しかし、ソロモン諸島の村で観察していると、現金収入だけで人々の生活が成り立っているわけではないことに気がつく。

　もちろん畑を中心にした自給自足的な側面もそうだし、人々の間の助け合いもある。ソロモン諸島の土地制度は、親族グループがみんなで一定区画の土地を共有するしくみになっていて、そのことが、誰もが自然資源へアクセスできることを可能にしている。こうしたしくみが、彼らの生活を支えている。医療や教育も彼らの豊かさを考えるさいに重要な要素だ。

　ソロモン諸島で見えてくるのは、豊かさとか貧しさとかいうものが、たいへん多面的だということだ。現金収入は、その中の一つにすぎない。

　お金があるかどうかを中心に置くのでないとすれば、何を中心に置けばよいだろうか。ジョン・フリードマンという開発問題専門家は、貧困とは「社会的な力を奪われた状態」だと言った。情報を得る力、政治を変える力、生産価格を決定する力、自分たちの生活空間を守る力。そうした力があるかないか、それが大事

だというのだ。現金収入は、そのような力の有無がもたらす一つの結果にすぎない。

インドのケーララ州というところはおもしろいところで、一人あたり所得はインドの平均よりさらに低く、アメリカと比較すると20分の１以下だ。しかし、驚くべきことに、女性の識字率は80％を超えていてインドの平均の２倍以上だし、幼児死亡率も先進国に近い低い数字になっている。ケーララ州は金銭的には貧しいけれど、他の指標では必ずしも貧しくない、ということになる。なぜこんなことになっているかということについては、労働組合や農民組合などの組織が発達しており、住民たちの政治力が強く州政府を動かして積極的な住民向け政策が行なわれていること、とくに女性の社会参加が推進されていることなどが指摘されている。

今日、発展途上国の人々の生活向上に寄与しようとするNGO（非政府組織）の活動の多くは、貧しい人たちに施しを与えようとするのでは決してない。彼らの活動の中心は、人々が力を発揮する（「エンパワメント」という）手助けをするというところに置かれている。開発プロジェクトに住民が参加できるしくみを作ったり、グループ作りをうながして相互扶助のしくみを作ったり、ということに重きを置いている。いくらお金を施しても、また、いくら経済的な開発を行なっても、人びとの生活そのものは向上しないということがわかってきたからだ。

注意してほしいのは、こういう話をするとすぐ日本では、「物質的な貧しさ」・対・「精神的な貧しさ」という図式を描きがちになる。しかし、こんな単純な二分法では、「貧困」を明らかにできない。「物質的」でも「精神的」でもない、さまざまな側面が豊かさや貧しさには存在している。

社会を単純化せずに見るということ。この本で習得してほしいのはそういう視点だ。「貧困」という一見当たり前のように思えることがらについても、多面的に見る必要がある。

■参考文献

岩附由香・白木朋子・水寄僚子, 2007,『わたし８歳、カカオ畑で働きつづけて。』合同出版

斎藤千宏編, 1998,『NGOが変える南アジア』コモンズ

ジェレミー・シーブルック（渡辺景子訳）, 2005,『世界の貧困――１日１ドルで暮らす人びと』青土社

ジャン・ジグレール（たかおまゆみ他訳）, 2003,『世界の半分が飢えるのはなぜ？――ジグレール教授がわが子に語る飢餓の真実』合同出版

ジョン・フリードマン（斎藤千宏他訳）, 1995,『市民・政府・NGO』新評論

第7章 貧困って何だ？

8 会社は誰のものか

組織とは何か、経済とは何かを考える

🔵 ダイアローグ

ある会社に勤めている2人の男性が以下のような会話をしています。

- 🗨️：業績が悪くなった日本の会社をアメリカや中国の会社が買い取るなんてことがめずらしくなくなってきたね。
- 🗨️：買い取るってどうするの？
- 🗨️：株を買うわけさ。その会社の株の半分以上を買ってしまえば、ほぼその会社を買ったことになる。半分買わなくても、何分の一かの株を買い占めれば、その会社への発言権は飛躍的に大きくなって、役員を送りこんだりもできる。
- 🗨️：会社って結局株なのか。お金があって、株さえ買えば、その会社を独占できるってこと？　何か腑に落ちないね。
- 🗨️：そうなんだよね。会社ってほんと誰のものなんだろう？
- 🗨️：会社は法人（法の上のヒト）なんだからさ、「誰のもの」とかってないだろう。商法にも会社の所有権なんて書いてないよ。
- 🗨️：そうだけどさ、やっぱり法的には株主の権利が大きいわけでしょ。
- 🗨️：そうだね、法律には「株主が会社を所有している」という明確な記述があるわけではないけど、やはり法律的には株主の権限がいちばん大きいことになっている。
- 🗨️：となると、やっぱり会社は株主のものってわけか。株主が社員のクビ切れって言ったらしようがないのか。
- 🗨️：いや、それはまた労働者の権利が法的に保護されているから、別の問題がからむけどね。でも、たとえば株主が、今の業務内容じゃ先が見えているから、別の業務を始めろ、なんて言ったら、それはある程度従わざるをえないところがあるかもね。
- 🗨️：え、突然別の仕事始めろと言われてもなあ。今の仕事、けっこう思い入れがあるんだけどなあ。

:そういう心情的なものは、株主には関係ないかもね。株主は、たいていの場合、とにかく、多くの利潤を上げて配当を増やしてくれればよいわけだから。あるいは、株が高くなって、それが売って利益が出ればよいわけだから。それに反するようなことをやっていれば、やはり会社の主人として文句を言う権利は持っているね。

:でもどうしてそういうのが最近始まったんだろう？

:それはさ、80年代くらいまでの日本の会社は、だいたい会社同士で株を持ち合っていて、とくに株主としての主張を外からするということがほとんどなかったからだよ。経営者も、株主を気にするより、社員・労働者のことを気にする方が現実的だったというのがあるね。もっと言うと、戦後右肩上がりが続いていて、別に株主に言われなくても、業績を上向きにすることが至上命題だったし、それがある程度できたんだ。それが80年代以降、とくに90年代初頭のバブル崩壊後、お互いに株を持ち合っていた会社も、株をもっている余裕なんてなくなって、放出しはじめたというわけ。それでそれを取得した投資会社や新興企業が、株取得を手段に経営に口をはさみ始めた、というわけだね。

:そうか、昔はよかった、ということか。

:まあそうとも限らないさ。株を持ちあうことによる馴れ合いも当然あっただろうし、なあなあで経営努力をしてこなかった、という側面も指摘できるかもしれない。

:「社会全体にとっても、株主がもっとものを言った方がよい」という意見もあるね。株主がちゃんとものを言うことで、会社の経営に緊張感が出るということだね。株主の積極的な注文によって、なあなあで内向きの経営じゃなく、ちゃんと未来を見すえた経営になって業績もあがり、経済全体としても活気が出る、ということだね。

:そういう側面もあるかもね。でも一方で、株主は結局利潤しか求めないから、それがリストラをどんどん進めるなど、人々の生活にとっては厳しい結果をもたらすこともあるよね。

:でも、会社が利潤を追求するのはあたりまえだし、そうすっきりさせた方が経済全体としては上向きの方向に行くって、経済学の本で読んだことあるよ。

:そういう学説もあるし、そうでないという学説もあるようだね。株主も利潤ばかりを会社に要求するのがいいのか、という議論もある。最近では、社会的責任投資*っていう動きも出てきているし。

🧑：我々サラリーマンにとってはどうなんだろう。自分も少しだけど、いくつかの会社の株を持っているけどね。そうすると、わずかながらも株主でもあるわけだ。それに僕らが支払っている厚生年金や国民年金などにしたって株の運用をしているわけだしね。僕らは労働者であると同時に株主でもある。自分の会社はなあなあでやってくれた方が楽だと思う一方で、他人の会社は、もっとちゃんと経営しろよ、とか思ってしまう。

👨：会社は誰のものか、というときに、単に株主のものじゃなくて、いろいろな利害関係者（ステークホルダー*）のものだ、という議論も出てきたね。

🧑：利害関係者って？

👨：経営者、従業員、関係会社、消費者、地域社会……。

🧑：確かにいろいろな利害関係者がいることはわかるけど、じゃあ、会社はみんなのものだっていうこと？　たとえば、株主の方向性、経営者の方向性、労働者の方向性、地域社会の方向性、みんな違ったときにはどうすればいいんだろう？　誰の利益が優先されるべきなんだろう？　あるいは、とにかく話し合えっていうこと？

👨：利益が上がらないからって言って、地域社会にとって大事な工場をすぐ閉鎖してしまうことが許されるかどうか、みたいな話もからむね。利害があるというだけじゃなくて、会社は実にいろいろなものによって支えられているからね。

🧑：たしかに、考えてみると、会社はいろいろなものによって支えられているよね。ある町に工場を建てたとき、そこではその自治体，従業員、地域社会などいろいろな人に支えられて工場は成り立つね。それが、業績が悪くなったからと言ってすぐに閉鎖してしまうのはやはりどうかと思う。でも一方で、それで会社をつぶすわけにもいかないし。

👨：会社はいったい誰のものなんだろうね。あるいは、誰のための、何のためのものなんだろう。

＊社会的責任投資（SRI: Socially Responsible Investment）＝その企業が、環境、雇用、健康・安全、教育、福祉、人権、地域貢献といった面で社会的責任（CSR: Corporate Social Responsibility）に配慮した対応や活動を取っているかどうかを考慮しながら、投資すること。
＊ステークホルダー（stakeholder）＝ある事象やある組織についての（すべての）利害関係者。株主＝ストックホルダーに対する語として使われるようになった。

第8章 会社は誰のものか

所属		年　　　月　　　日
番号	氏名	

ワークシート

　ダイアローグと資料の新聞記事を読み、「会社は誰のものか？」「会社は誰のためのものか？」「会社ってそもそもなんだろう？」ということについてグループディスカッションしてください。
(議論のメモ)

↓
議論から各自が考えたことを3つの短い文にまとめてください。

第8章 会社は誰のものか

資料

資料(1)

「朝日新聞」2006年11月9日

日本社会の中の株式会社：上
アメリカ型経営は正しかったか

「もし日本がアメリカと同様、人材の流動性が高い社会であるならば、私は断固としてアメリカ式の経営を行います。それぞれの国情にあわせて合理的判断をした結果、日本では終身雇用が最もふさわしいと判断したわけです」

日本経団連会長に今年就任した御手洗冨士夫キヤノン会長が、対談形式の著書『会社は誰のために』（文芸春秋）で述べている言葉だ。

会社は誰のもの？

効率や株主の利益を優先、成果主義……。そんなアメリカ型とされた経営がもてはやされた数年前と比べ、ここのところ少し風向きが変わってきたようだ。好景気による自信回復なども背景にある。でも、大きいのはアメリカ型の模範とされたエンロンの巨大粉飾決算などによる破綻など、アメリカでの不祥事の続発、そして日本では株主主権を掲げながら刑事事件にまで発展したライブドア、村上ファンドの事件だろう。マスメディアには事件を巡る報道があふれ、株式会社は誰のものかなどを巡る著作がたくさん刊行された。

経済学の教科書的にいえば、19世紀半ばに誕生した近代株式会社は、資本を提供した株主が主権をもつ。その意味で、株主主権を押し立てるアメリカ型経営が正しいことになるが、株式会社はそんな簡単な組織でもない。

ロンドン大名誉教授で長く日本企業を研究してきたロナルド・ドーアさんは、会社は株主はもちろんだが、従業員、債権者、顧客、下請け会社、地域社会など多数の利害関係者（ステークホルダー）を持つ「公器」のようなものとみる。だから、経営者は株主ばかりでなく、他のステークホルダーの利害を勘案して行動すべきである、となる。

そんな立場から、最近刊『誰のための会社にするか』（岩波新書）の中で、バブル後長く続いた日本経済の低迷の原因は必ずしも日本型経営の欠点の結果だけではないと分析しながら、かつての従業員主権的な「準共同体企業」そのままでないにしろ、従業員などを重視する日本型経営の再考を説く。

今や株式会社研究家という肩書を使う元中央大教授の奥村宏さんは、「会社は誰のものかなどが論議されること自体、現代の株式会社が危機に瀕していることの証明」と語る。

近代株式会社の原則は株主主権、株主平等、資本多数決などで、最高機関は株主総会だが、短期利益を追求する

機関投資家の力が強くて不祥事続きのアメリカ型も、かつて株式を企業同士で持ち合って株主総会がほとんど意味を持たなかった日本の会社も、原則から大きくはずれたものであると見る。「以前はうまくいっていたとはいえ、程度でいえば、日本の逸脱はひどい。だから、日本の株式会社を研究する意味は非常に大きい」

両義的な「法人」

そんな中、様々な著書で株式会社を原理的に語り続けているのが、岩井克人・東京大教授だ。岩井さんは、株式会社が、原理的には法律上はヒトと扱われると同時にモノであるという両義的な「法人」であることに注目する。

資本主義経済は基本的にはヒトとヒトとの契約で成立するが、企業のような団体が様々な契約を結ぶためにはどうすればいいか。で、団体を1人のヒトとみなし、契約も結べ、モノを持つことができるようにしたのが「法人」だ。

岩井さんは株式会社は2階建て構造で、2階の部分では株主が会社をモノとして所有し、1階では会社がヒトとして会社の資産を所有しているとみる。アメリカ型は、2階部分を非常に強調し、日本型は1階部分を強調したものに過ぎず、双方特殊で、また普遍ということになる。

今や高度情報化の中、値段でなく商品の「差」「違い」が利益を生むポスト産業主義の時代に入りつつあると岩井さんは考える。そんな「差」を生みだすのは、会社の1階部分にいる株主のお金では買えない「人」の知恵、アイデアだ。だから、アメリカ追随型の株主主権論的主張は理論的にも実践的にも誤りということになるのだが、さて。

解説

　現在、かなり多くの日本人が「会社」という中で過ごしている。会社を定年まで勤め上げ、定年後も会社時代の人間関係を軸に生活している、という人も少なくない。「会社」は、今の日本社会を成り立たせるかなり根幹になっている。

　しかし、会社は一様ではない。大きな会社、小さな会社、規律の厳しい会社、緩い会社、ワンマンな会社、仲間意識の強い会社、ドライな会社、いろいろある。会社って何だろう？　本章は、そんなことを考えてもらった。

　「御社は」とよく言う。このときの「御社」が示すものは、人々の集団としての会社だろう。だから「御社」をもっとくだけて言うときには「お宅の会社」と言う。

　しかし一方で、会社の本質はお金である。資本があり、動いている金がある。それらを動かすものとして人間がいる。言ってみれば、人間は道具にすぎない。ある会社に投資する、とは、誰か特定の人間に投資するのではなく、会社という組織、そこから生みだされるであろうお金に投資するのである。

　会社とは何なのだろうか。このあたりについていろいろ考えてきた人たちの言葉に耳を傾けてみよう。

　経済評論家の小林慶一郎さんは言う。「会社は株主のものか、それとも社員や顧客のものか、このふたつの見方のどちらに理があるのでしょう？　じつはこの対立は矛盾しません。(中略)会社というものの利益を大きくするときには、簡単にいって経営のやり方には二通りの方法が考えられます。それは、株主には最低ラインの配当だけを与えて、社員や経営陣の取り分を大きくするという考え方と、経営陣や社員には最小限の賃金を与えておいて、株主の配当を最大限にしようという考え方です。このふたつはまったく違うように考えられていますが、会社の利益を最大化しようとする点では一緒です。(中略)それでは、会社のステークホルダー(社員や株主はもちろん、顧客や地域の人まで含めた関係者)全員がその目標を追えばうまくいくかと問うたとき、じつは問題が生じてきます。というのも、会社というものは多かれ少なかれ社員の自己犠牲的な行動によって成り立っているからです。(中略)つまり会社は、外との関係では市場の倫理で利益を追求していても、その内部には理念が必要であって、もし株主が会社のなかにまで金銭的利益だけを追求する価値体系を持ち込んでしまうと、内部の倫理体系が壊れてしまうということです」(岩井克人・奥村宏他, 2005,『会社は株主のものではない』洋泉社, pp.85-91)。

　つまり、お金を軸にした対外的な会社の姿と、社員の自己犠牲的な行動によっ

て成り立っている内部的な会社の姿との間には矛盾がある、ということだ。会社は二面性をもっているというのだ。

　もう少し現実の会社を興してきた人の話を聞いてみよう。ビジネスをいろいろ手がけてきた平川克美さん(リナックスカフェ社長)はこう言う。「立場によって、あるいは人によって、会社というものは全部違った見え方をしているはずなのです。そして、重要なことは、会社というものは株主のものであるとか、誰かのものであるといった一義的な定義の下に存在しているのではなく、多様な意味の集合体であるということなのです。原理的にも、実態的にも、会社は複数の利害関係者が共同で構築したものだということです。(中略)会社というものは、国や家族などと同じで、幻想共同体だといえるのです」(岩井克人・奥村宏他, 2005,『会社は株主のものではない』洋泉社, p.101, pp.104-105)

　平川さんの主張はおもしろい。「会社はこうだ」という言い方はそもそもできない。会社はいろいろな方向性が混在している場なのだ、ということのようだ。

　私たちは、会社のこうした多面性にもっと注目してよいだろう。

　同じことは、私たちをとりまくさまざまな組織についても言える。たとえば「学校」。学校は誰のためにあるのだろうか、何のためにあるのだろうか。学校は子供たちの能力を引き出すためにある、と考える人もいるだろう。学校は「成績のいい子」と「成績の悪い子」を選別する機関だと主張する人もいるだろう。学校はたくさんの仲間と出会う場と見る人もいるだろうし、学校は無理矢理「集団生活」を押しつけてくるものと見る人もいるだろう。どの見方も間違いではない。学校という組織そのものが、多面的な役割を担っていて、人によってそのどの部分を強調したいかが違ってくる。

　会社とは何か、学校とは何か、と問うことは、私たちの社会が、会社や学校といった組織をどう使いこなすかということとつながっている。そして、そうした組織によってどういう社会を作っていきたいのか、という問題でもある。

■参考文献

岩井克人・奥村宏他, 2005,『会社は株主のものではない』洋泉社
奥村宏, 2005,『会社は誰のものでもない』ビジネス社
ロナルド・ドーア, 2006,『誰のための会社にするか』(岩波新書)岩波書店

9 累進課税を考える

税金のあり方を考える

🌓 ダイアローグ

☺：累進課税って知ってる？

😐：知ってるよ。お金持ちほど高い税金を払うっていうことだろ。

☺：そう。あれ、わかるような、わからないようなしくみよね。確かに、「お金持ちなんだから少しくらい高い税金を払ってくださいよ」という理屈は分からないでもないけど、お金持ちにしてみれば、法の下の平等のはずの個人が、税金ということになると、なぜ自分だけ高い負担になるのか分からないんじゃないかなあ。

😐：そういう批判はいつもあるね。せっかくがんばって金儲けしたのに、なんの権限があってそのかなりの部分を税金で持って行くんだ、という批判だね。プロ野球選手ががんばって1億稼いでも、その半分近くが税金としてとられれば、そりゃ、文句を言いたくなるよね。

☺：野球選手なんて、稼げるときに稼いでおかないと、選手を辞めたときに何の保証もないでしょ。その分貯金しておかなきゃならないのに、ごっそり税金に持って行かれるなんて、ちょっとかわいそうね。

😐：でも、累進課税は、いろいろな理由があると言われているよ。

☺：どんな理由？

😐：よく言われるのは「所得の再分配機能」ということ。つまり、資本主義の世の中は、お金持ちはますますお金持ちになり、貧乏人はますます貧乏になる、という側面があるから、これを是正し、安定した社会を作っていくために、高い所得のところから低い所得の所へ、お金を再分配するということ。

☺：なぜそんなことが必要なの？

😐：それをしないと社会としてゆがんだ形になってしまうのではないかということだよ。あまり大きな格差は是正する方が、よりよい社会だという考え方が背景にあるね。

☺：なるほどね。でも、それをやりすぎると、高い所得を得ようとする意欲がなくなってしまい、社会の活力が失われるということはない？

😐：そういう指摘もあるね。それもあって、日本の場合、累進課税の累進性は徐々に緩くなっているね。1970年代には2,000万円以上の所得に対しては55％の課税、それ以上の人は段階的にそれ以上の課税があって、8,000万円以上の所得に対してはなんと75％という課税率だった。今は4,000万以上の所得に対して45％というのが最高になっている。

😀：そうなんだ。

😐：でも逆に、ちゃんと所得の再分配をしないと社会の活力が失われる、という議論もあるよ。どういうことかというと、格差が広がると、所得の低い層が増え、それが消費を冷え込ませ、経済が停滞する、という議論だ。ある程度全体に富が行き渡るようにしておいた方が、経済としても都合がよい、という考え方だね。

😀：それは本当なの？

😐：さあ。時代や地域によって違うだろうね。戦後の日本、とくに高度成長期は、この政策がかなりの程度うまく行ったと言われているけど。

😀：所得による課税は、3つくらいの可能性があるわよね。一つ目は誰からも同じ金額、たとえば100万円なら100万円をとるというやり方。二つ目は、みんなから同じ税率、たとえば10％なら10％の税金をとるというやり方。三つ目が現在のような累進課税。

😐：消費税の考え方は、二番目の考え方だよね。たくさん買った人ほど多く払うけれど、税率は変わらない。

😀：そうよね。所得税は累進課税だけど、消費税、それにガソリン税などは累進じゃないから、税全体で言うと、必ずしも累進になっているわけじゃない。いろいろ加えると、実はお金持ちの税率はそれほど高くないのではないか、という試算もあるようね。

😐：この問題の裏には、どうやら、いい社会とはどういうものか、という問題があるような気がするね。お金持ちの人たちだって、いい社会の実現のためには多少多くの税金をとられるのもしようがないと思っている人もいるかもしれないし。公正な社会ってどういう社会なのか、っていう問題かな。

😀：同じ税率にするのが公正なのか、累進にした方がむしろ公正なのか。お金持ちって言ったって、本当にがんばってお金持ちになった人もいれば、たまたま所有していた土地が高騰してお金持ちになった人もいるしね。累進課税がいいとしても、じゃあ、どのくらいの税率が適切なのか、って難しいわね。

😐：公正って難しいね。それにどういう社会がいい社会なのか、っていうのも

難しいね。みんながんばって生きているんだから、職によって不当に給料が違うというのも不公正な気がするしね。それをいくらか是正するのが累進課税なのかな。

😊：でもその税金がつまらないことに使われたりすると腹が立つわね。政府をサービス業と見なすと、お金持ちにしてみれば、同じサービスをずいぶん高い税金で買っているということになるわね。

🙁：だけど、政府って、サービス業とはちょっと違うでしょ。

😊：それはそうね。でも、じゃあ政府って何なのかな。税金を払って、さまざまな公共サービスを行う、という点では、サービス業とも言える気がするし、でも、もちろんそれだけではなさそうね。どうもこの問題は、国家とは何か、政府とは何か、という問題にまで広がりそう。

🙁：公共サービスって言えばさ、政府だけが独占的にそれを担う必要はあるのか、って話もあるよね。NPO（非営利組織。市民活動団体）なんかも、公共的な利益のために活動を行っているよね。

😊：そう。だから近年ではNPOへの寄付は、税金を納めるときの控除になる（つまり、税金を納めるとき、寄付分は所得から差し引いて税金が計算される）場合もあるわね。でもそれをあまり広げると、NPOの活動範囲ばかりにお金が行ってしまい、政府が行うたぐいの公共サービスにお金が来なくなるという問題があるとも言われているわね。なにせNPOは道路を造らないから。

🙁：でも政府が行っている公共サービスが本当に意味のあることなのかどうか、無駄な道路ばっかり作っているじゃないかという批判もある。むしろ政府以外のセクター（NPOや企業）が公共サービスを担ったほうがよいのではないかという議論もあるね。

😊：累進課税の問題は、その税金によって何がなされるのか、そもそもなぜ国家が税金を独占しているのか、という問題にもつながるというわけね。

所得税の速算表

課税される所得金額(1)	税率	控除額	所得税額
195万円以下	5%	0円	(1)×5%
195万円を超え330万円以下	10%	97,500円	(1)×10% − 97,500円
330万円を超え695万円以下	20%	427,500円	(1)×20% − 427,500円
695万円を超え900万円以下	23%	636,000円	(1)×23% − 636,000円
900万円を超え1,800万円以下	33%	1,536,000円	(1)×33% − 1,536,000円
1,800万円を超え4,000万円以下	40%	2,796,000円	(1)×40% − 2,796,000円
4,000万円超	45%	4,796,000円	(1)×45% − 4,796,000円

2017年現在の累進課税率(国税庁ホームページより)

「課税される所得金額」とは、実際の所得からさまざまな控除(給与所得控除、社会保険料控除、配偶者控除など)を引いた金額である。例えば、もともとの所得が700万円で、もろもろの控除額が合計200万円だった場合、「課税される所得金額」は500万円で、それに税率20%がかけられ、そこからさらに42万7500円が控除される。したがって所得税額は、500万円×0.20 − 42万7500円＝57万2500円 となる。

所属		年　　月　　日
番号	氏名	

ワークシート

　ダイアローグを読み、以下をグループで議論してください。

　累進課税は是か非か。是だとすれば、どのくらいの所得の人にどのくらいの税率が妥当か。所得100万円、200万円、500万円、1000万円、3000万円、7000万円の人たちにそれぞれどのくらいの税率(あるいは税額)が適切か？　消費税など他の税金との関係も考慮に入れながら考えてください。

(話し合う前のメモ)

(議論のメモ)

↓
グループとしての結論

累進課税　賛成　反対 （いずれかを○で囲んでください）

（その理由）

累進課税を実施する場合の税率

所得100万円		所得1000万円	
所得200万円		所得3000万円	
所得500万円		所得7000万円	
（補足的な条件など）			

第9章　累進課税を考える

9　累進課税を考える

解説

　累進課税の問題とは、つまるところ、国全体のお金をどう振り分けるかという問題だ。国の中でお金は平等に行きわたっていないから、もうけた人から多めの税金をとり、貧しい人にそれを分け与えよう、ということだ。もちろん貧しい人に直接お金を渡すわけではない。さまざまな公共サービスを通じて、結果として多くの人が公平に富の恩恵を受けるようにしようというやり方だ。

　しかし、少し考えればわかるが、「もうけた人」からすれば、「どうして自分が自力でもうけたお金をとられなければならないのか。そもそも経済活動をして、それ自体として世の中に貢献しているのに、その上にお金をとられるなんて」という主張もありうるだろう。

　しかし、この主張を素直に受け入れる人は少ないように思う。多くの人は、お金持ちからお金をとってそれを再分配するということが、社会的に受け入れられることだと考えている。貧しい人がいればそれを助けてあげたいという気持ちをもつのが人情というものだ。自力でお金儲けをしようとしてもなかなかそれができない弱者（教育の機会に恵まれなかった人、障がいや病気をもった人、など）がいることも多くの人は知っている。それは本人が悪いのだ、と言える人は少ない。だからこそ、富の再分配はある程度必要だとみんな考えている。

　もっと考えると、そもそも「自力でもうけた」などということがありうるのかという疑問も出てくる。たしかに表面的には「自力で」ということになるだろうが、実はその人の経済活動を直接間接に多くの人が支えていたり、社会的な制度が支えていたりするだろう。その人が通勤で使う道路も公的なお金で作られているし、その人の会社の建物は清掃会社の人によって掃除がされているだろう。清掃会社にはもちろんお金を払っているが、清掃会社の人がもうけているお金に比べてその人のもうけているお金が大きいとすれば、その差はどこから来るのだろうか。たくさんもうけている人は、たまたま、そのときの社会のしくみでたくさんもうけることになっただけかもしれない。

　そうだからこそ、累進課税は、たいていの人が支持している。

　しかし、じゃあどのくらい税金をとればよいのか、どのくらい再分配すればよいのか、となると、なかなか合意は得られない。だからこそ、累進課税の率は国によってもずいぶん違うし、時代によっても違う。日本はと言えば、もともと累進課税率が比較的高かったが、次第に下がってきた。1970年代には収入8,000万円の人は75％の税金を取られていたが、現在は45％の税金である。一方で1989年から消費税が導入された。消費税は所得の多寡にかかわらず買った分だけ同じ

税率が課せられるから、低所得者により厳しい税方式だと言われている。日本の税制度は、次第にお金持ちに有利になってきたということだ。

　不公正な社会を作りたいと思っている人はいない。みんな公正な社会がよいと思っている。しかし、何が公正なのか、というと難しい。みんな同じ税率(つまりは累進でない)が公正だと思う人もいるだろうし、金持ちにはかなり高い税率を課することが公正だと思う人もいるだろう。

　いや、果たして税率の操作で公正が図れるのか、という疑問を呈する人もいるかもしれない。公正な社会を作るには、単に税率を云々するのではなく、弱者が社会の中で生き生きと生活できるための制度を作る必要があるのではないか。あるいは、国家の手が届かないところへサービスを行う地域組織やNPOなどの活躍が重要なのではないか、税率云々より、そうした組織にお金を振り分けることが必要なのではないか。そんな議論もある。

　このあたりの問題を少し広げると、公正をめぐるさまざまな問題にぶちあたる。たとえば、万人が教育の機会を平等に与えられることが大事だとみんな考えている。しかし、教育の機会を平等に与えられるとはどういうことか。みんながまったく同じ教育を受けることか。誰でも試験に通れば学校には入れますよ、と言っても、そもそも、お金持ちの子息ほどよい教育環境が得られやすいということがある(塾へ行ったり優秀な家庭教師を雇ったり)。そうしたことについても何か配慮が必要になってくるのだろうか(実際に米国ではそうしたことを考慮して学校の入学において少数者・弱者を一定程度優先する「アファーマティブ・アクション」というものがある)。それとも入り口さえ公正にしておけばよいのだろうか。

　分配の問題、公正の問題は、私たちの社会の根本にかかわる問題だ。私たちが社会問題として考えているかなりの部分が、この分配や公正の問題に行き着く。分配の問題は、どんな社会がよい社会なのかという問題の根幹部分に当たる。したがって、この問題は、この本でも手を変え品を変え登場する。

■参考文献

小川仁志，2010，『はじめての政治哲学——「正しさ」をめぐる23の問い』(講談社現代新書)講談社

マイケル・サンデル(鬼澤忍訳)，2010，『これからの「正義」の話をしよう——いまを生き延びるための哲学』早川書房

第Ⅲ部
構想する

10 どの記事を採用する？

メディアを考える

🔴 ダイアローグ

- 😊：新聞って読む？
- 😐：まあ、ざっとだけどね。
- 😊：日本にどのくらい新聞記者がいるか知ってる？
- 😐：さあ、5,000人くらい？
- 😊：だいたい2万人だそうよ。（日本新聞協会 http://www.pressnet.or.jp/ によると、2012年における新聞記者数は20,121人で、うち女性記者は3,325人）
- 😐：けっこう多いんだ。毎日膨大な数の新聞記事が書かれているということだね。実際僕ら目に触れるのはそのごく一部だけど。
- 😊：それでね、一面とかに大きく載る記事があるじゃない？ あるいは、最後の社会面に大きく載る記事もあるし。あれ、誰がここに載せるとか、あそこに載せるとか決めてるのかなあ？
- 😐：それ新聞記者の人に聞いたことがあるけど、記者が書いたあとはデスクと呼ばれる人がそれをチェックし、そのあと新聞本社の整理部というところの人が、どこにどの記事を配置するかといったレイアウトを決めるらしいよ。
- 😊：入りきらないからって落とす記事もあるでしょうね。余裕がなくて少し短くするってこともやるんでしょうね。載せるべき記事とそうでない記事はどういう基準で決めているのかなあ？
- 😐：やっぱり重要な記事から順番に選んでいくんじゃないの？ 国民全体にかかわる記事を最初に置いて、おもしろい記事だけどみんなにかかわるわけではないのをあとの方にするとか。
- 😊：重要な記事って何？ たとえば、一家四人殺人事件なんて大きく報道されるわよね。でも、考えてみると、直接みんなにかかわる話ではないじゃない。それに一家四人殺人事件と誰か一人が殺された事件となら、四人が殺された方が普通大きく扱われるわよね。でも数の問題じゃないよなあ、とも思うし。

😐：読者の関心ってことじゃないの？　やはり数が多い殺人事件とか、幼い子どもが殺された殺人事件とか、みんなが関心を持ちそうなものを大きく取り上げるんじゃないの？

😃：でも、関心って結局マスコミによって作られているところもあるでしょ。マスコミによって作られた関心にもとづいてマスコミが何を載せるか決めるっていう、なんだか堂々めぐりな感じにもなってないかなあ。

😐：それでも読者のニーズに合わせる必要はあるんじゃないの。新聞社も企業なんだから、誰も読んでくれなければ終わりだし。

😃：じゃあ読者の関心が高ければ芸能ニュースばっかりでもいいの？

😐：それじゃあ、みんな逆に読まなくなるんじゃないの？

😃：そうかなあ。それから、世界のニュースって日本の新聞ではそんなに大きくないわよね。

😐：そう？

😃：同じような地震の被害のニュースでも、日本で起きると大きく報道するけど、外国で起きたものはそれほど大きく報道しないし。

😐：そうだね。だってここは日本だから。外国人も少しは住んでいるけど、読む人の圧倒的多数は日本人だから。

😃：だけど、これだけグローバル化が進むと、私たちの生活も日本の中だけでは完結してないわよね。モノはたくさん輸入しているし輸出もしている、お金も世界中を動いている。でもニュースは日本国内のものばかりっていうのはどうなの？

😐：たしかに新聞社は国の機関じゃないんだから、国という制度を外れていいはずだね。とういうか、当然国という制度から独立していないといけないわけだ。

😃：そう。でも取り扱う内容はなぜか国の枠組みを前提としているわ。ローカルなニュースも少ないわよね。これはもちろん全国紙と地方紙では全然違うけど。でも一面トップはたいてい全国ニュースよね。全国ニュースよりローカルなニュースの方が大事だってことはないのかなあ。

😐：そしたら地域ごとに細かく新聞がなければならなくなる。

😃：それもいいのかも。でも、そもそもマスコミって何なんだろう。マスコミは何のために存在しているのかなあ。

所属		年　　　月　　　日
番号	氏名	

◆ ワークシート

　みなさんは新聞(全国紙)の編集者です。いま作っているあしたの新聞にはもうスペースがほとんどありません。最後にひとつだけ記事を入れるとしたら、資料(1)〜(12)の記事の中からどれを選びますか？　第1候補から第4候補までを選んでください。個人的な趣味や関心ではなく、社会的な視点から考えて順位を付けてください。

　まず各自で考えてください。そのあと、グループで議論し、グループとしての結論を出してください。

(1) まず各自で、何を基準に記事を選ぶか考えてください。

(メモ)

[　　　　　　　　　　　　　　　　　　　　　　　　　　　]

(2) 各自の第1〜4候補を決めてください。

第1候補	
第2候補	
第3候補	
第4候補	

(3) グループ・ディスカッションを始めます。まず、各自の第1〜4候補を報告します。
(4) 各グループで、議論して(とくに何を基準に順位を決めるか)、第1〜4候補を決めてください。安易に多数決で決めるのではなく、徹底的に議論して決めてください。

(議論のメモ)

↓

グループとしての結論

第1候補	
第2候補	
第3候補	
第4候補	

グループとしての選定基準は何ですか。3つ挙げてください。

| |
| |
| |

第10章 どの記事を採用する？

資料

資料(1)
「毎日新聞」2012年8月24日（共同通信配信）

クロマグロ、資源管理を強化

　水産庁は23日、乱獲による枯渇が懸念されるクロマグロの資源管理を強化するため、国内の漁場や養殖場の規模を拡大せず、現状を維持するよう各都道府県へ通知したことを明らかにした。クロマグロ養殖は、漁獲した成熟前の小さな魚（未成魚）を養殖場で飼育する方式が主流。漁場や養殖場の現状維持は、未成魚の漁獲増加を抑えるのが狙いだ。

　クロマグロの漁獲規制は国際的に強まっており、水産庁は2010年5月、未成魚の漁獲抑制を柱とする管理強化を打ち出した。今回の通知は今年6月8日付で、この方針に沿ったものだ。

　水産庁は29日に養殖業者らを集めた会議を東京都内で開き、あらためてクロマグロの資源保護を呼び掛ける。

資料(2)
「毎日新聞」2012年8月28日

消費増税：「悪影響」近畿企業の63％
　　　　——帝国データ調査

　帝国データバンク大阪支社は27日、近畿2府4県に本社を置く企業（有効回答数1766社）のうち、消費税が企業業績にとって悪影響を及ぼすと回答した企業が63.6％に上ったとの調査結果を発表した。一方で、「影響はない」とした企業が17.3％あったほか、特需が見込まれるシステム関連産業や駆け込み需要の期待がある建設・不動産業界などを中心に「好影響」と答えた企業が2％あったという。

　調査は7月19～31日に実施。悪影響の理由として「税負担の上昇」を挙げた企業が44.8％、「販売価格に転嫁できない」が36.5％と続いた。価格転嫁ができないと答えた企業は大企業の中では33.2％だったが、零細企業は46.1％と多く、帝国データバンクは「消費税引き上げが小規模な企業の経営を圧迫することが懸念される」と指摘している。

　また、消費税引き上げへの対応として工場の建設など大規模投資を前倒しするとした企業が24.3％、事務機器の導入など小規模投資を前倒しするとした企業が31.4％あった。

資料(3)
「毎日新聞」2012年9月4日

水難事故：ため池で小4水死——佐賀

　3日午後3時15分ごろ、佐賀県A町の農業用「Bため池」で、A町、会社員、Cさん（39）の長男で町立D小4年、E君（9）が深みにはまったと、近所の女性から119番があった。E君は

約45分後に救助されたが、午後5時ごろ、搬送先の病院で死亡した。死因は水死。

　県警F署によると、E君は同小3〜5年の友人3人と、ため池の水門付近の深さ10センチ程度の場所で魚を取るなど水遊びをしていたという。同署はE君が遊んでいるうちに約5メートルある深みに落ちたとみて、詳しい経緯を調べている。

　ため池はA町が管理しており、周りはガードレールで囲まれているだけで、立ち入りを防ぐ柵はなかった。

　近くに住むGさん（67）によると、騒ぎを知った夫のHさん（67）がほうきを投げてつかまるよう呼びかけたが、E君は既にぐったりして水面に浮いていたという。

　E君が通うD小はこの日から2学期が始まったばかり。午前中で始業式が終わり、E君らは午後2時半ごろから水遊びをしていたという。

資料(4)

「毎日新聞」2012年9月1日

母子救護所：避難先で妊婦らを支援　東京・文京区が設置

　東京都文京区は31日、災害時に妊婦や乳児連れの母親が避難する「母子救護所」を設置し、助産師の派遣による体調管理や、アレルギー対応の粉ミルクの備蓄など、こまやかな支援を実施すると発表した。全国でも初の取り組みといい、成沢広修区長は「文京区モデルとして全国に提言していきたい」と話した。

　妊婦の場合、避難生活で早産や流産の危険性が高まる恐れがある。また、避難所で乳児の泣き声を気にして母親がストレスをためるケースも出るなど、妊産婦の避難生活の課題はこれまでの災害時にも指摘されてきた。区は来年3月に防災計画を改定し、妊産婦を要援護者と明確に記す。

　設置場所は、区内の女子大などに協力を求め、教室などを使用する協定を結ぶ方針。第1弾として9月7日に跡見学園女子大との締結を予定している。災害時は、校舎3階フロアを無償で提供してもらい、約150人が生活できるようにする。

　助産師派遣についても、都助産師会などと協定を結ぶ。

資料(5)

「毎日新聞」2012年8月28日

個人情報：岐阜大病院の患者1824人分記録、USBメモリー盗難

　岐阜大（岐阜市柳戸）は27日、同大医学部付属病院の患者1824人分の個人情報などが入ったUSBメモリー1個が盗まれたと発表した。

　同大によると、22日午後8時ごろ、同大医学系研究科の大学院生の30代男性が、岐阜県瑞穂市内のパチンコ店駐車場に車を止めて約1時間後に戻ると、

窓ガラスが割られ、USBメモリーなどの入ったカバンが盗まれていたという。情報の持ち出しは禁止されていたが、男性は学位論文を作成するため、同学部のデータベースから患者情報をUSBメモリーにコピーしていた。

メモリーには85年から昨年までの同病院眼科の患者1824人分の名前と、手術データ2726件、患者ID、生年月日、視力に関する情報などが入っていた。既に該当患者には経緯説明と謝罪をし、情報の不正使用は確認されていないという。

同大医学系研究科のA研究科長は「保護対策を強化して、万全を期したい」と話した。

資料(6)
「毎日新聞」2012年8月24日（共同通信配信）
遺伝子変異：父高齢の子に増加　アイスランドで研究「自閉症、関連の可能性」

【ワシントン共同】父親が子どもをつくる年齢が16.5歳高くなると、子に伝わる遺伝子変異の数が2倍に増えるとする研究結果を、アイスランドの研究チームが22日、英科学誌ネイチャーに発表した。多くは無害とみられるが、別の研究で自閉症や統合失調症との関連が報告された変異も含まれていた。チームは「最近になって自閉症が増えているとされる背景には、父親の高齢化傾向が関係しているか　もしれない」と指摘している。

アイスランドに住む両親と子ども1人からなる家族78組のゲノム（全遺伝情報）を詳しく分析。子どもが持つ塩基配列の変異が両親のどちらから伝わったかを調べると、父親からが母親からに比べ4倍多かった。父親が子どもをつくる年齢が上がると伝わる変異が増加。36歳の父親は20歳の父親に比べ2倍、70歳の父親は8倍も多い変異を子に伝える計算という。

ただ自閉症などの発達障害には多数の遺伝子が複雑に関係しているとされる。専門家からは「老いて子を持つことを過度に心配する必要はない」との声も出た。

資料(7)
「毎日新聞」2012年9月6日（共同通信配信）
食料品：米干ばつ、食卓に波及　サラダ油、バター、小麦粉が値上げ

日清オイリオグループが家庭用食用油の値上げを5日に発表するなど、食料品の値上げが相次いでいる。大豆や菜種など原料の高値が続いているためで、米国の干ばつの影響が日本の食卓に広がりつつある。

日清オイリオは10月1日から、家庭用の「日清サラダ油」などの出荷価格を1キログラム当たり10円以上値上げする。値上げは、4月、7月に続いて、今年3回目だ。同社は「北米の歴史的な干ばつの影響で輸入大豆などの価格

が高騰し、生産性の向上や合理化だけではコスト吸収は困難だ」という。業務用や加工用も値上げする。

　森永乳業や雪印メグミルク、明治、カルピスなども9〜10月にかけて、バターの値上げに動く。一昨年の猛暑や東日本大震災の影響で加工用の原料乳が減少し、生乳価格が引き上げられたことが主な要因だが、メーカー関係者は「干ばつの影響で飼料も高騰しており、すぐに環境が改善されるような状況ではなさそうだ」と懸念する。

　農林水産省は、製粉会社などへの輸入小麦の政府売り渡し価格を10月から主要5銘柄の平均で3％引き上げることを決めた。製粉最大手の日清製粉グループ本社は「小麦粉の販売価格を政府売り渡し価格と連動して引き上げる方向で検討している」としている。製粉各社はパンやうどん、お菓子用の小麦粉を値上げする方針だ。

資料(8)

「毎日新聞」2012年7月24日

イラク：首都など十数都市でテロ、107人死亡　10年以来最悪

　イラクの首都バグダッドなど十数都市で23日、自動車爆弾の爆発や武装勢力による襲撃が相次ぎ、ロイター通信によると、少なくとも107人が死亡、268人が負傷した。1日に100人以上が死亡したのは10年5月の連続テロ以来で、イラク当局は国際テロ組織アルカイダ系武装勢力による攻撃とみている。

　ロイターなどによると、バグダッド北方のタジで23日早朝、住宅地で自動車爆弾などが相次いで爆発し、警察官を含む32人が死亡。バグダッドのイスラム教シーア派地区サドルシティーでは、自動車爆弾が爆発し、21人が死亡した。また、バグダッド北方の町ドゥルイヤ近郊の軍基地が武装勢力に襲撃され、兵士少なくとも16人が死亡したという。

　犯行声明は出ていないが、国際テロ組織アルカイダ系勢力が数日前にインターネット上で「失地回復を目指す」として、攻勢強化を宣言していた。

資料(9)

「毎日新聞」2012年8月28日

アスベスト：労災認定の元准看護師「石綿問題に関心を」

　勤務していた産婦人科医院で作業中に扱った粉末「タルク」に混入したアスベスト（石綿）が原因で中皮腫（ちゅうひしゅ）になったとして、労災認定された山口県A市の元准看護師、Bさん(52)が27日、大阪市内で記者会見し、「同じような作業をした医療従事者に私の経験を広く知らせたい。医療現場にもアスベストのリスクがある」と訴えた。

　Bさんは手術用ゴム手袋の再利用について、安全なもので代用し、粉末「タルク」をまぶす様子を再現。多数のゴム手袋が入った袋にまぶすと、白い粉

が飛び散った。「当時は、素手でマスクもせずに作業をしていた。悪いものを扱っているという認識はなかった」と振り返った。

　中皮腫と判明したのは、転職のために09年に受けた健康診断がきっかけで、それまでの職場の健康診断では分からなかったという。現在は胸や背中など6カ所に腫瘍が確認され、治療を続けている。Bさんは「石綿問題には広がりがあり、多くの人が関心を持つべきだ」と強調した。

資料(10)

「毎日新聞」2012年9月1日

熊本・県営荒瀬ダム：撤去工事始まる　住民ら「美しい川に」

　河川法で定義されたダム（高さ15メートル以上）では全国初となる熊本県営荒瀬ダム（同県八代市）の撤去工事が1日始まった。18年3月まで6年かけて撤去する。事業費は約88億円で、うち19億円の国負担を見込む。県はダムがある球磨川の清流復活を目指し、上下流9地点を中心に環境モニタリング調査も行う。

　撤去は、ダム湖にヘドロがたまり、悪臭など環境が悪化したため地元が要請した。作業は1日午前8時、地域の生活道路でもあったダム管理橋の封鎖で始まった。施工業者の現場責任者の合図で、作業員が鉄パイプの柵を管理橋の両端に並べた。当面は資材置き場の整備など本格着工に備えた準備工事が続く。

　現場には清流復活を求め、長年ダム撤去を要望してきた地元住民らも訪れた。02年、合併前の旧坂本村議会に地元の請願を提出した元村議、Aさん（75）は管理橋の欄干に酒をかけて別れを告げた。「発電用ダムとして県の発展に寄与してくれたのも事実。ありがとうと伝えた。工事が無事終わって昔の美しい川が戻ったらうれしい」と話した。

資料(11)

「毎日新聞」2012年7月10日

国民年金：加入者の所得調査、4人に1人「年収ゼロ」

　国民年金に加入する第1号被保険者（1号、1938万人）の38.0％は「年収50万円以下」で、4人に1人（24.6％）は「収入なし」であることが、厚生労働省が9日発表した公的年金加入者の所得に関する実態調査で分かった。国民年金は元々自営業者の制度だが、現在は無職の人や非正規雇用労働者が全体の6割を占めていることが影響したとみられる。

　年金加入者の年収調査は初めて。1号の人の平均は159万円で、民間サラリーマンらの厚生年金、公務員らの共済年金の加入者である第2号被保険者（2号）の平均426万円とは大幅な差があった。

年金加入者全体の平均は297万円。ただし22.3％は50万円以下で、収入なしも14.7％だった。専業主婦ら第3号被保険者の平均は55万円。

年収調査は10年11月〜11年2月、15歳以上の7万2244人の09年分を集計した。

資料(12)

「毎日新聞」2012年8月7日

東シナ海ガス田開発：交渉再開に難色　日中閣僚級会談で中国側

枝野幸男経済産業相は6日、日中省エネルギー・環境総合フォーラム出席のため来日した中国国家発展改革委員会の張平主任（閣僚級）と東京都内で会談した。枝野氏は、10年7月以降中断している東シナ海ガス田共同開発の条約締結交渉の早期再開を求めたが、張氏は「首脳間の共通認識を堅持する」と述べるにとどめ、再開への明言を避けた。

ガス田開発を巡っては、10年9月の尖閣諸島沖の漁船衝突事件後に、中国側が条約締結交渉延期を発表。野田佳彦首相が今年5月に訪中した際に早期再開を求めたが中国の温家宝首相は「双方の意思疎通を図りたい」と述べるにとどめていた。

会談の詳細は不明だが、日本政府が尖閣諸島の国有化を検討していることに中国側は強く反発しており、張主任も同様の懸念を表明したとみられる。

枝野氏は、日米欧が世界貿易機関（WTO）に提訴した中国によるレアアース（希土類）輸出規制についても「WTOで冷静に議論したい」と中国側の善処を要請。張主任は「環境保護の観点で実施している」と主張し、議論は平行線だった。

解説

　私たちはいやがおうでもメディアに囲まれている。この場合のメディアというのは、おもにテレビ・新聞などのマス・メディアのことだ。今日の私たちの考え方や行動は、底知れぬほどメディアの影響を受けている。「メディアが言っていることなんて信じないよ」と言っている人でさえ、もしかしたらその「メディアが言っていることは信じない方がよい」という言い方そのものがメディアから学んだ言い方かもしれない。

　「疑似環境」という言葉がある。私たちをとりまく物理的な環境（自分の家とか、家のまわりの町とか、まわりの自然とか、友人たちとか）と並行して、私たちはメディアによって作り出された疑似環境を生きている、というのだ。私たちは、メディアの中の人たち（タレントやスポーツ選手など）が、あたかも自分の知人であるかのように感じてしまう。自分が好きだったタレントが亡くなると、そのタレントを直接知らなくても、悲しみに暮れてしまう。地球の裏側で起きている戦争についても、メディアを通じて知るしかなく、メディアを見ながら「なんとかしたい」と思ってしまう。私たちの生活の中に占めるメディアの位置はどうしようもなく大きい。

　注意しなければならないのは、メディアは無色透明の中立的な存在ではないということだ。メディアが何を伝えるか、どう伝えるか、誰をメディアに出すか、そこにはすべて何らかの意図が働いているということだ。

　本章の作業をやってみてわかったと思うが、メディアは日々選択をしている。経済ニュースを前面に出すか、殺人事件を前面に出すか、スポーツニュースを前面に出すか。殺人事件はどの角度から伝えるか、個人に焦点を当てて伝えるか、社会的な背景に焦点を当てて伝えるか。それらは「選択」されている。

　カナダのメディア研究者M. マクルーハン(1911-1980)は、「メディアはメッセージである」と言った。メディアは、単に何を伝えるかということでメッセージを送っているだけでなく、どう伝えるかというところでメッセージを送っているのだ。何が選ばれ、何が選ばれなかったのか、人間の顔を大写しで映すのか、小さく映すのか、笑った顔を映すのか、むすっとした顔を映すのか、どの角度から写すのか。それらはすべて受け手にメッセージとして受けとめられる。笑った顔を切り取ってそこだけ映せば、受け手は知らず知らずのうちに楽しいニュースとしてそれを受け取る。

　日本の全国メディアの特徴は、日本の「中央」で起きていることを中心に伝える傾向が強いこと、もっと言えば東京で起きていることを中心に伝える傾向が強

いことだ。国会議員のことはよく報じても、自分の町の市会議員のことはあまり伝えられない。全国メディアにおいて、地方のことが伝えられるのは、「事件」か「お祭りなどの文化行事」が圧倒的に多い。メディアは、「中央こそが、東京こそが大事なのだ」というメッセージを送りつづけている。何が報じられるのか、だけでなく、何が報じられないのかも、メディアの発する重要なメッセージだと言える。

こうしたメディアのあり方は、政治や社会のあり方とリンクしている。政治が中央集権的だから、おのずと中央の政治を伝えることが大事になってくる。国家の枠組みが強いから、メディアもほとんどが一国単位に成立し、たいていのメディアは国内ニュースが中心になる。

外国に滞在する日本人は、日本のニュースを欲しがる。外国に住んでいて日本のニュースがなかなか入らないと、日本社会から切り離されるような気がしてしまう。日本のことを伝えるメディアに接していることが、日本社会の中にいるような感覚をもたせているのだ。社会のありようとメディアのありようとがいやがおうにも結びついているのが、今の社会のあり方だということだ。

そして今日、ネットが新しいメディアのあり方をもたらしている。大多数を相手にしたマスメディアではない、関心によって人が集まり、情報を共有し、また議論するような公共的な空間がネット上に生まれている、と主張する人もいる。しかしマスメディアの位置が低下したかというと、必ずしもそうではない。ネットで情報交換されるのは結局マスメディアを介した情報だったりすることも多い。

といったことをいろいろ考えるのが、メディア・リテラシーだ。メディア・リテラシーとは、メディアからの情報をただ受動的に受けるのではなく、そのしくみや背景、意図を見抜きながら、主体的に取捨選択し、また、活用する能力のこと。本章は、メディア側の立場を疑似体験してもらうことで、メディアをめぐる問題を考えてもらい、メディア・リテラシーを身につけてもらおう、という章だった。

■参考文献

佐藤卓己, 2006,『メディア社会——現代を読み解く視点』(岩波新書) 岩波書店
原寿雄, 2009,『ジャーナリズムの可能性』(岩波新書) 岩波書店
マクルーハン, 1984,『メディア論——人間の拡張の諸相』みすず書房
森達也, 2006,『世界を信じるためのメソッド——ぼくらの時代のメディア・リテラシー (よりみちパン!セ)』理論社
森達也, 2008,『視点をずらす思考術』(講談社現代新書) 講談社
吉見俊哉, 2006,『メディア文化論——メディアを学ぶ人のための15話』有斐閣

11 どれがよい環境保全活動？

環境保全と公共性・1

ダイアローグ

- 😊：この間E町の田園風景の中を歩いたの。いいわね田舎って、自然がいっぱいで。
- 😐：E町ってそんなに自然が残っているの？
- 😊：自然って言っていいのかどうかわからないけど、田んぼがいっぱいあってね、それから小さいけれど湿地もあったし。
- 😐：湿地？
- 😊：何か沼みたいな感じだったけど、貴重な自然だから守ってます、みたいな看板が立っていたわよ。
- 😐：湿地って貴重な自然なの？
- 😊：見た目はただの沼か草地にも見えたけど、何か貴重な植物がたくさんあるんだって。なんかね、湿地は他の生態系と違うから、貴重な植物・生物のためにも守っていかなければならないんだって。
- 😐：ふ〜ん、そうなんだ。そういえばこの間テレビで「田んぼの自然」みたいな番組やっていたなあ。
- 😊：田んぼの自然？
- 😐：うん、田んぼの中に生息しているカエルとかヤゴ（トンボの幼虫）とかアメンボとかゲンゴロウとか。結構いるんだねえ。農薬の使用で少なくはなっているらしいけど。その番組では「田んぼも貴重な湿地です」って言っていたよ。でも田んぼって自然ではないよね。人間が作ったものだから。
- 😊：でもいろいろ昆虫がいるんでしょ。
- 😐：そうだけどね。さっきの湿地は誰が守ろうとしているの？
- 😊：看板には「○○の湿地を守る会」って書いてたわ。有志の人たちがやっているんじゃないかな。
- 😐：そうなんだ、それはすごいね。というか、ありがたいというべきか。
- 😊：ああいうのは本当は行政の仕事かなあ。
- 😐：でも行政がすべてはできないし。心ある人たちがやった方がより心を込めて守れるんじゃない？

😊：でもあの湿地って誰の土地なのかなあ？
🙂：何も書いてなかった？
😊：何も。でももし誰かの土地だったら、湿地のまま持っていても一銭の得にもならないから、売ってしまったりするかもね。
🙂：そういえば、この間新聞に、ある森が住宅地に開発されそうになっていて、近隣住民が反対している、という記事があったなあ。
😊：森ってそんなに簡単に開発できちゃうの？
🙂：たぶんいろいろな規制はあるんだろうけど、個人の土地なら規制にも限界があるんじゃないかな。その記事によると、その森は「里山」として貴重な自然だし、自分たちの憩いの場所だから開発しないでほしいと近隣の住民たちが言っているらしいよ。でもちょっと読むと、その人たち自身も森を切り開いてできた住宅地の住民らしいんだ。そこでわずかに残った森をその人たちが守ろうとしている、というちょっと皮肉な話。
😊：皮肉ね。それでもやはり守るべきじゃないかな。
🙂：そうだね。ただ、個人の土地で、とくに規制がなければ、誰も手出しはできないね。
😊：でも、自然ってみんなのものなんじゃないの？ それを個人が勝手に売ったり開発したりっておかしいわよね。
🙂：じゃあ政府が全部もつべき？
😊：そんなことしたら政府が破綻するかもね。じゃあ誰がどうすればいいのかな。さっきのE町の湿地を「守る会」が守っているなんていうのは、だからとってもいいわね。
🙂：もしかしたらその「守る会」はボランティアかなあ。なかなかボランティアの活動って難しいよね。継続できるようなしくみが必要かもね。うまくお金が回るしくみとか。
😊：うまくお金が回るしくみ？
🙂：環境保全って言っても、やっぱりお金がかかるんじゃないのかな？ そういうところにうまくお金が使われるようなしくみってないかなあ。
😊：そんなうまいしくみがあればね。それよりたくさんの人がかかわるってことが大事なんじゃないの？
🙂：そりゃそうだ。でも、どうやったらたくさんの人がかかわるんだろうか。それにただたくさんかかわればいいというわけでもないよね。もっとみんなが身近な問題と感じるしくみとか。
😊：そうね。自然を守る、環境を守るっていっても、いろいろあるわね。

第11章 どれがよい環境保全活動？

所属		年　　　月　　　日
番号	氏名	

● ワークシート

　p.112〜の新聞記事のうち、どれが「最もよい環境保全活動（あるいは環境保全の動き）」だろうか？　「環境を保全するとはどういうことか。そこでは何が大事なポイントか」を考えながら、「最もよい環境保全活動（あるいは環境保全の動き）」トップ3を選びなさい。

(1) まず各自で、トップ3を考えるにあたって、何を基準に考えるか、記事を読みながら考えてください。

(メモ)

(2) 各自のトップ3を決めてください。

1位	
2位	
3位	

(3) グループ・ディスカッションを始めます。まず、各自から、トップ3を発表します。
(4) 各グループで、徹底的に議論し（とくに何を基準に順位を決めるか）、トップ3を決めてください。

(議論のメモ)

↓

グループとしての結論

1位	
2位	
3位	

グループとしての選定基準は何ですか。3つ挙げてください。

第11章 どれがよい環境保全活動？

資料

資料(1)

「北海道新聞」2004年11月16日

ごみ扱いせず"銀行"へどうぞ
　　落葉集めて腐葉土と交換
　　札幌・西区の市民団体
　　環境意識の向上期待

　落ち葉を"貯金"すると腐葉土になって戻ってきます――。札幌市西区の市民団体フォレスターズクラブ（A代表）が「落ち葉の銀行」づくりを進めている。ごみになっている落ち葉を地域の住民と協力して有効活用し、環境に関心をもってもらおうというユニークな試み。すでに同区内に「貯金箱」を設置し、今後、町内会などとの協力態勢を整える。

　フォレスターズクラブは同区西野地区の主婦や会社員らでつくる団体。西野地区には西野市民の森、西野西公園、西野川などがあり、同クラブは自然豊かな環境を生かして、親子を対象に体験を重視した環境教育に取り組んでいる。

　落ち葉銀行は、あらかじめ登録した個人や団体に通帳と指定の収集袋を配って落ち葉を集めてもらう。一袋に付きスタンプ１個を押し、スタンプ５個で20リットルの腐葉土一袋と交換する予定。同様の銀行は、2002年10月に東京都府中市が始めている。

　西区土木部の許可を得て、西野西公園駐車場脇に「貯金箱」となる堆積場を造った。幅約５メートル、奥行き約２メートルのスペースを板で囲ったうえ、さらに二つに仕切り、２年分の落ち葉をためられるようにした。

　今年は同クラブのスタッフや区の清掃委託業者らが、土のう袋（縦約60センチ、横約50センチ）で300袋あまりを集めた。積み上げた落ち葉は土をかけたり、かきまぜたりしながら１年半から２年かけて腐葉土にする。来年度に向けて、町内会や地域の小学校、PTAなどに呼びかけ、落ち葉集めに参加してもらう。

　「落ち葉が微生物に分解され、土に返っていくという循環は森の中では当たり前に行われていること。落ち葉の銀行は循環を学ぶ生きた教材になる。ガーデニングや家庭菜園を楽しんでいる人も多いので、腐葉土の需要もあると思う」とA代表は説明する。

　札幌市内では北区の百合が原公園などに落ち葉の堆積場があり、一部の公園の落ち葉が腐葉土としてリサイクルされているほか、江別や北広島のシルバー人材センターが、清掃委託を受けて集めた落ち葉で腐葉土を作り、販売している。しかし、大半の公園の落ち葉はごみとして焼却処分されているのが実情だ。

　「落ち葉をお金やエネルギーをかけて処分するのではなく、地域で有効利

用しながら、住民のコミュニケーションのきっかけにしたい」と落ち葉を通した地域づくりに意欲を燃やす。

2002年から「落ち葉銀行」に取り組んでいる府中市では、市から清掃を委託されている自治会などの50団体が登録、市内60カ所の公園で落ち葉を集め、市の堆積場に「貯金」している。落ち葉の焼却にかける費用を節約しようと市が呼びかけて始めた。

同市・緑のまちづくり推進課によると、70リットル入る専用袋で、年間約1200袋が集まる。今年2月から、出来上がった腐葉土の配布を始めた。「集めた落ち葉にごみが混ざっていることがあり、分別がなかなか徹底されない。各団体の会員にルールを徹底させるのはたいへん」と、課題も指摘している。

資料(2)

「北海道新聞」2005年11月7日

渡り鳥と共生　農家が協力
　宮城・蕪栗沼（かぶくり）
　　冬も田に水　ねぐら増やす

宮城県田尻町（たじり）の蕪栗沼と周囲の水田計423ヘクタールもラムサール条約に登録される候補地。渡り鳥保護のため、冬も田に水を張り、ねぐらを増やす取り組みが評価された。当初は食害を恐れる農家と、水鳥の保護を訴える人たちの考えは違った。だが、10年がかりの対話と信頼関係が保護活動をつくり始めた。すでに登録済みの宮島沼（美唄市）などとともに、水鳥の飛来地の総合的な保護につながりそうだ。

JR田尻駅から車で約15分。11月初め、蕪栗沼近くの収穫の終わった田んぼには数千羽の水鳥がひしめいていた。登録されるエリアは狩猟が禁止される国の鳥獣保護区特別保護地区でもある。マガン、オオヒシクイなどガン、カモ類の飛来のピークは12月から1月。多い年は約6万羽が越冬し、春になると宮島沼やウトナイ湖（苫小牧市）を経由して北へ渡る。

「信頼関係から」

「田んぼは生産の場。収入は大事だが、本音で話し、共感が持てて初めてきつい作業を受け入れることができた」

コメ農家のAさん(31)はこう話す。田尻町は水鳥保護だけではなく、冬に水を張った田んぼで農家が無農薬、無化学肥料米を作ると、ブランド米「ふゆみずたんぼ米」として売る支援も始めた。水田3ヘクタールでブランド米を作るAさんは町の姿勢を評価した上で、農家のやる気は「信頼関係から」と言った。

蕪栗沼周辺では1996年、沼の全面しゅんせつを自然保護団体や地元住民が阻止して以来、環境保護活動が広がった。97年には隣接地の水田50ヘクタールが湿地に復元されることが決定。95年からの狩猟自粛効果もあり、マガン

飛来数はそれまでの数千羽から数万羽に増え、観察会などの保護活動が活発になった。

だが、大半のコメ農家は不安を募らせた。ガンは落ち穂や水田の雑草を食べるが、以前に「収穫の遅れた田のコメが集中攻撃を受けた」ことがあり、その経験が忘れられないためだ。

町が食害を補償

壁にぶつかった田尻町は2000年、農作物被害補償条例を施行。水鳥による食害を補てんする仕組みを整えた。堀江敏正町長は「農家が安心するよう条例を作った」という。だが食害は予想外に少なく、この5年余りで町の支出額は14,310円にすぎない。食害対策は宮島沼でも課題で、もみをまいて防ぐ取り組みはあるが、補償制度はやむなく転作する場合などを除いてない。

蕪栗沼周辺で冬の水田に水を張る取り組みは2年前に始まった。1年目は19ヘクタール、2年目は23ヘクタール。「雑草が生えにくく鳥のふんが肥料になる」といい、同様の取り組みは蕪栗沼の北約8キロにある条約登録地の伊豆沼、内沼でも始まった。

田に水を張る活動はまだ始まったばかり。条約登録地に含まれる水田(259ヘクタール)の一割にすぎず、どう広げるかが課題だ。農家と対話を続けてきた日本雁を保護する会の呉地正行会長は「自然保護団体は黒子に徹し、地道に関係を築いていくことが大事だ」と力を込めた。

資料(3)

「毎日新聞」2010年1月1日

赤谷プロジェクト:森回復に挑む先進地　群馬発の環境保全活動(その1)
　　　　　　　　　　　　　　　／群馬

地球温暖化対策が世界的な課題となるなか、温室効果ガスの二酸化炭素(CO_2)を吸収する森林の価値が、改めて注目されている。県内では、みなかみ町北部に広がる国有林「赤谷の森」を舞台に自然林の再生、生態系の回復を目指す「赤谷プロジェクト」が進んでいる。地元住民と自然保護団体、林野庁の三者が、森林管理の計画段階から手を携え森のあるべき姿を追い求める、全国に先駆けた取り組みだ。10年には5カ年の森林管理計画の更新も予定しており、人と自然の共存を目指した新しい環境活動を、全国に発信している。

赤谷プロジェクト、舞台は1万ヘクタールの国有林

04年に始まったプロジェクトの正式名称は「三国山地／赤谷川・生物多様性復元計画」。イヌワシやクマタカなどの猛きん類が生息し、豊かな自然をはぐくむ天然のブナ林などが広がる国有林「赤谷の森」(約1万ヘクタール)が舞台。「AKAYA(赤谷)プロジェクト」の略称で呼ばれる。

森を6つのエリアに分け、それぞれにテーマを設けたほか、新潟県境に広がる「緑の回廊・三国線」も活動範囲に加えた。

「自然林の再生」などを掲げたエリア1、2では、約3000ヘクタールの人工林を、実験的に数カ所で伐採。さまざまな動植物が生息・生育する自然林に復元しようと、人為的な植樹などは行わず、自然の力による回復に委ねる。日本自然保護協会副部長の茅野恒秀さん(31)は「5年経過して、ブナやミズナラなどの広葉樹の生育が見られる。森は回復し始めている」と手応えを語る。

エリア4では、09年10月から11月にかけて、治山ダムによって阻害された渓流の連続性を復元しようと、全国で初めて治山ダム中央部の撤去も行われた。今後は、魚類の生息分布や土砂の流況などを調べる。

スタートから5年あまり。プロジェクトを構成する▽地元住民による赤谷プロジェクト地域協議会▽日本自然保護協会▽林野庁関東森林管理局──の三者が、議論しながら検証作業も進める。10年には森林管理の5カ年計画を更新する予定だ。林野庁の計画策定作業に、住民や自然保護団体が参加するのは全国でもまれ。林野庁関東森林管理局計画部長の藤江達之さん(50)は「今までの成果をどのように次につないでいくかが大きなテーマ。三者でよく話し合って、長期計画で森の取り扱いを考えたい」と語る。

開発反対派と国が協働

プロジェクトは、ダムやスキー場開発計画への反対運動を展開した地元住民や自然保護団体が、計画の頓挫後に「敵」だった林野庁に参加を呼び掛けるという、ユニークな過程を経て実現した。

バブル経済期の88年、林野庁が地域振興などを目的に、国有林にスキー場などのレクリエーション施設建設を掲げた「ヒューマン・グリーン・プラン」を策定。赤谷川では80年代から首都圏の渇水対策として「川古ダム」の建設計画も進んでいた。

地域住民が90年、開発の危機にさらされた自然を守ろうと「新治村の自然を守る会」を結成。日本自然保護協会とともに反対運動を展開した結果、ダムとスキー場は00年、いずれも計画が中止になった。その後、残された自然を保護するため、協会が林野庁に働きかけ三者と旧新治村関係者による準備会議が発足。企画運営会議などを経て04年、プロジェクトがスタートした。

資料(4)

「毎日新聞」2004年9月2日

諸塚村の森、森林認可取得へ　管理面など世界水準の評価　／宮崎

村と住民一体の取り組み

諸塚村民が丹精込めて育ててきた森林が管理面などで世界水準に達しているとの評価を受け、11月にも森林管理

第11章 どれがよい環境保全活動？

11　どれがよい環境保全活動？　｜　115

協議会（FSC、本部・ドイツ）の森林認証を取得することが確実となった。村内のほぼ全森林を対象に、自治体と住民一体となった取り組みで取得するのは全国でも初めて。村民は「木材はもちろん、シイタケなど村産品の付加価値にもつながる」と期待している。

森林認証制度とは、森が適正に管理されていることを認証するもの。93年に設立されたFSCが森林保存、環境への影響など10原則56項目の基準に沿って審査する。今年1月現在、59カ国・567カ所の森林が認証を取得。認証された森林から切り出された木材、木材製品であることを証明する加工・流通面の認証もある。

日向市から耳川沿いの国道327号を車で走ること約1時間。村に着くと、険しい山あいに張り付くように民家が建つ。人口約2200人。総面積187.59平方キロメートルのうち、95％が森林だ。

「箱モノ」の建設で活性化を図る地域が多い中、同村の村おこしは先祖が残した森林活用に視点を置き、「全村森林公園構想」を基本方針に据えて進められてきた。

林業の基盤となる林地の村外流出を防ぐため、村民が林地を購入する際の資金助成（利子補給）などを盛り込んだ「村外移動防止要綱」を45年も前に制定。90年には若手後継者による「森林作業隊」を県内で初めて発足させた。「生産の基盤である山林を守ってきたことに間違いなかった」と村民は胸を張る。

村は昨年8月、村内16地区の公民館傘下の所有者や森林組合など20グループ422人で構成する森林認証研究会（会長・甲斐勝助役）を設立。1年後の先月初め、民間認証機関による最終審査で「森林に対する意識も高い」などの評価を得た。

申請したのは森林面積の74％に当たる1万500ヘクタール。植林樹種は大半がスギ、ヒノキで、昨年の木材生産量は3万2000立方メートル、生産額は3億9000万円。

成崎孝孜村長は「木材、シイタケなどの不振や高齢化もあり、山間部を取り巻く環境は厳しい。認証が取得できれば林産物への付加価値はもとより、林業家の自信回復につながると思う」と活性化効果に期待をかける。林業従事者も「厳しさの中、手抜きをせず造林に汗を流したことが無駄ではなかった。わずかの光でも救い」と声をそろえる。

耳川森林組合諸塚木材加工センターのA工場長は「最近は環境に目を向けた会社が多くなっている。認証があれば木材、産直住宅への評価が上がるのは確か。しかし生産・流通を活発化するにはこれまで以上に村民一体の積極的な協力が必要なので、この機会を繁栄のきっかけにしたい」と意気込んでいる。

資料(5)

「毎日新聞」2010年1月9日

山野草の里づくりの会
　　里山をもう一度　／奈良

陽光失い雑木林はやぶに　ササユリもリンドウも姿消し
　　55年ごろの環境目標、友人らと活動

　雑木林や草原が広がる里山は、人の営みと大自然の合作と表現できる場所だ。大和高原の一角の桜井市三谷(みたに)地区で、この里山を古里の景観として復活させようと活動しているNPO法人「山野草の里づくりの会」を知ったのは07年秋だった。会を結成した理事長のAさん(64)と事務局担当の妻Bさん(61)を久しぶりに訪ねた。

　三谷地区は、なだらかな丘陵に囲まれている。空が広い。傾斜地には畑が開かれ、谷あいには田んぼもある。現在の住民は16戸、65人。4割は65歳以上だが、幼い子どもたちの声も聞こえる。

　Aさんはここ三谷地区の出身。同市役所で働き、市街地に住んでいたが、休みの日には古里に戻っていた。

　だが、のどかに見える山村の自然も、Aさんの目には「荒れた」と映った。ピンクのササユリは面影もなくなっていた。近くの山で一抱えするほど取れ、中学に持っていってクラブ活動の費用の足しにしようと売っていたことは遠い夢のようだ。

　山すそや田畑の周りで普通に見られた黄色いオミナエシやリンドウ、カワラナデシコも少なくなっていた。これらの花が育つのは草原だ。陽光が必要なため、茂った林の中では生きられない。里山の風景は、人が草刈りなどをして手を入れてきたから、維持されてきたのだ。

　化学肥料、農業機械が普及し、化学肥料が多用されるようになるまで、ススキなどは家畜の飼料、肥料、屋根ふき用に大切にされた。「昔は取り合いだったと聞きました」と言うAさん。ところが、人の手が入らなくなった里山は、ササやツル植物が侵入して、一面を覆った。人が薪(まき)や炭に利用して維持されていた雑木林も、放置されるとやぶになった。

　Aさんは01年、地元の人や都会の友人らに呼びかけて会を結成し、里山の保全に乗り出した。「このままでは、昔懐かしい山野草も失われる」と思ったのが、直接のきっかけだった。

　それ以降、毎週水、土曜日、メンバーが放置された山林や農地に入り、復旧などの活動を進めている。目標にしているのは「55年ごろの環境」。虫や動物との共存を目指し、谷の休耕田を借りて08年夏に池を造った。動植物の繁殖を観察するビオトープとして、自然観察会を開くなどしている。

　さらに、都会の人と交流し、里山のすばらしさを伝えることも、会の活動の柱にしている。大阪から参加してい

る人たちもいて、一緒にソバや野菜などを無農薬で栽培している。

「三谷の水はおいしい。山野草が咲く里山の景色を見ると、心がやすらぐ」とBさん。Aさんは「都会の人に本来の里山を知ってほしい。里山は人と自然が共生、共存する基本的な場所。都会の人にも必要なところなのです」と話している。

資料(6)

「北海道新聞」1998年7月22日

標茶町　釧路湿原の民有地購入へ
　塘路湖畔115ヘクタール
　　自然保護を目的に

【標茶】釧路湿原国立公園内の塘路湖に面する民有地約115ヘクタールを、開発行為から自然を守る目的で地元の釧路管内標茶町が購入することが21日、同町臨時議会で決まった。自治体が自然保護のために同公園内や隣接地をまとめて購入するのは初のケースで、湿原を守る活動に取り組む民間団体もこれを歓迎している。

同町が購入を決めた土地は塘路湖の東端に隣接する広葉樹林帯と原野。全体の八割が釧路湿原国立公園の第三種特別地域に指定され、タンチョウやオジロワシなどが営巣している。

茨城県水戸市の不動産会社A社が1981年に投資目的で購入したが、昨年になって道内の開発業者B社が別荘地を分譲する目的で、売買交渉を行った。

しかし、この土地は公道に面していないことから、立ち入るには隣接地で50年代から営農し、タンチョウの保護活動を続けているCさん(74)=同町阿歴内=の所有地を通過しなくてはならない。

そこでB社はCさんに土地の使用許可を求めたが、Cさんは「開発されると塘路湖が汚れる」と、これを拒否。このため、土地の売買交渉は今年初め中断した。

これをきっかけに町が買収に動き、A社から1680万円で購入する仮契約を交わした。

塘路湖では地元の塘路漁協がワカサギ漁を行っているほか、最近はカヌーの体験観光なども盛んになってきた。

同町はこれまでも同湖周辺の土地計15ヘクタールを第三セクターの施設整備などを目的に購入しているが、今回の取得について千葉健町長は「自然保護を目的に土地を所有してくれる企業や個人はおいそれと見つからない。一方で、各種の開発行為は自然を脅かしており、保護のための土地取得が行政の責任と判断した」と話している。

近く正式に購入後は、山林部分を町の保安林に指定し、水源かん養に役立てる方針だ。

自治体では異例の試み

釧路湿原は1987年に単独の湿地としては国内唯一の国立公園に指定された。

環境庁などによると、同公園を抱え

る釧路管内の自治体（釧路市、釧路町、標茶町、鶴居村）が湿原の保護を目的にまとまった土地を購入した例は、これまでほとんどみられない。

　一方、500人を超える会員が寄せた資金で同湿原でのナショナルトラスト運動を展開している民間組織「トラストサルン釧路」（本部・釧路市）は、釧路町達古武湖を望む民有地約0.9ヘクタールを90年に所有者から借地する形で確保したのを手始めにして、これまでに同国立公園の隣接地を中心に9カ所計24ヘクタールを購入または賃貸契約を結んでいる。

　同会の事務局を務めるＤさんは「民間の浄財に頼る活動には限度があり、自治体の役割は大きいはず」と指摘している。

解説

　環境を守る、自然を守る、ということに表立って反対する人はいない。誰もが「自然を守ろう」と(なんとなくでも)思っている。しかし、それは単に表面的なことだ。何をもって「環境を守る」ことになるのか、そもそも「自然」とは何なのか、何のために「環境を守る」のか、といったことを考えはじめると、実はとたんに迷路に入ってしまう。

　よく「環境か経済か」という言い方をする人たちがいる。環境をとるのか、経済をとるのか、どっちなんだ、あるいは、両方を追うことは可能なのか、といったことは、議論になりやすい。

　この議論の前提には、環境と経済は両立しにくい、という考え方がある。環境を守ろうという行為はもうかる行為ではないし、むしろお金を使ってしまうので、ビジネスにはなりにくい。自然を壊してショッピングセンターを作った方がもうかる、といったような話だ。

　しかし、問題はそう簡単でもない。ショッピングセンターは果たして経済的によいのかどうか。ショッピングセンター建設のために土地を切り拓くのは果たして単純に自然破壊と言ってしまってよいのか？　実のところ、どんな環境が望ましいかははっきりしていないし、どんな経済が望ましいかもはっきりしていないのだ。「環境」も一つではないし、「経済」も一つではない。問題なのは、どんな環境なのか、どんな経済なのか、ということだ。

　とういうわけで、本章では、「どれが最もよい環境保全活動か」というちょっと無茶な選択をしてもらった。挙げられた事例は、どれも間違ったものはない。どれもある意味正しい環境保全の活動だ。しかし、その方向性は微妙に違う。だからこそ、それぞれの間の差異を議論することは、環境を守るということの多面性を認識するのによい。

　たとえば、手をつけないで自然をそのまま残すことに力点を置くのがよいのか、積極的に人間の手を入れてよい自然の状態に管理していくのがよいのか、はたまた、人間との関係が濃いいわゆる二次的自然(里山)を維持しようとするのか。これはよく問題になるところだ。手を付けないのが「自然」だという考え方があるが、しかし、人間が長い間かけて自然と多様な関係を結んできたことこそが大事、手を付ける付けないではなくて、その関係こそが大事、という見方もある。

　また誰が自然にかかわるべきなのか、という担い手の問題もある。行政中心で行くのか、NPO(非営利組織)中心で行くのか。専門家主導で行くのか、住民参加型で行くのか。

また環境問題と一口で言っても、気候変動、大気汚染といった地球全体の環境問題もあれば、川の保全、身近な森の保全といったローカルな環境問題もある。なるべく広く守ろうとするのか、小さなエリアでとことんやるのか。さらに、その環境保全は、いったい何のためにやるのか。観光につなげようとするのか、教育につなげようとするのか。長い目で見るのか、短期的な効果を見るのか。

　実際に環境を守ろうという活動が行われるとき、みんな「環境を守ろう」という総論では一致しているのに、どういう環境をどう守るかという具体的なところで対立を引き起こすことがある。どちらも環境を壊そうと思っているわけでないので、この対立の解消はなかなか難しい。

　発展途上国ではときどきこんな奇妙なことも起きる。自然を守ろうと自然保護区を作る。しかし、実はその中では人びとが生活している。自然保護区になったので木を切ってはいけない、ということになった。人びとは木を切って燃料にしていたので、たいへん困った。人びとが木を切るのは、決して自然を破壊しようと思ってやっているわけではないし、もともとずっとそこに住んできて木を切ってきたのであって、それは自然のサイクルの中で生活してきたとも言える。しかし自然を守ろうとして自然保護区が作られ、住民の生活がそれによって圧迫される。

　こんな奇妙なことが起きるのも、環境を守るということについて「保護区を作って守るしかない」という狭い考え方しかできなかったからだ。

　環境を守るということは実はもっと多様な方向性がある、本章で挙げられた各事例でも、それを掘り下げてみてみると、その環境を守ることによって何を達成しようとしているのか、事例ごとに違っている。そして、そのどれが正解でどれが不正解かではなく、そのことを考えることを通して、「環境を守る」という一見あたりまえの価値を解きほぐしてみてほしい。もっと言うと「自然とは何だろう」ということも考えてみてほしい。実はそれさえ、そんなにあたりまえではないのだ。

■参考文献

鬼頭秀一，1996，『自然保護思想を問い直す――環境倫理とネットワーク』（ちくま新書）筑摩書房

宮内泰介編，2006，『コモンズをささえるしくみ』新曜社

宮内泰介編，2009，『半栽培の環境社会学』昭和堂

守山弘，1988，『自然を守るとはどういうことか』農文協

鷲谷いづみ，2004，『自然再生――持続可能な生態系のために』（中公新書）中央公論社

12 歴史的建造物を保存すべき？

環境保全と公共性・2

🎤 ダイアローグ

😊：今度の休みね、家族でどこか旅行しようって話しあっているんだけど、古い町並みが残っているところとかっていいわよね。

😀：ああ、いいね。福島の大内宿（おおうちじゅく）とか馬籠宿（まごめじゅく）(岐阜県中津川市)とか埼玉の川越宿（かわごえじゅく）とか行ったことあるけど、いいよ。

😊：都会に住んでいると、ああいうの、あこがれるなあ。

😀：都会の中だって、町並みとまで行かなくても、ときどき古い建物が残っていたりするじゃない。明治時代に建てた洋館風の建物とかさ、あれもなかなかいいね。

😊：そうねえ、ああいう貴重な建物はいつまでも残してほしいわねえ。

😀：でもけっこう大変だって聞いたことあるよ。

😊：たいへん？

😀：そう。たとえば町並みを保存することが決まっている地区だと、自分の家でも勝手に改築できないとかさ。古い町並みと言っても、けっこう人が今も住んでいるところが多いんだ。そこに観光客がぞろぞろ来てごらんよ。洗濯物だって干せないじゃない。

😊：そうね、それはいやね。観光客のマナーの問題かなあ。

😀：マナーの問題で片付けばいいけどね。それから、古い洋館のような歴史的建造物でも、その所有者はもう維持費や固定資産税を払う余裕がなく、売り払うか、マンションでも建てたいと思っていることもあるようだね。

😊：でも貴重な建物だったら自治体が買いとるとかしてるんじゃないの？

😀：自治体もそんな余裕のあるところは少なくて、所有者が「買ってくれ」と言っても、断ることが多いようだよ。それにさ、何が貴重か、何を残して何を壊してもよいか、って難しいじゃない。

😊：確かに。明治時代から残る建物が貴重だというのは誰もそう思うかもしれないけど、昭和の建物だと、貴重かどうかよくわからないわね。

😀：古い町並みと言ってもさ、江戸時代からの建物と大正の建物が混在している場合、どっちに合わせた町並みを復元するのかとかも難しいね。

😊：古けりゃいいのか、という問題もあるかもね。
🌀：そもそも、どうして古い町並みや建物は残さなければならないのかなあ？
😊：そりゃ、貴重だから。それに観光資源にもなるし。
🌀：どっちなの？　貴重だったら観光資源にならなくても残すべき？　観光資源になるんだったら貴重じゃなくても残すべき？　そもそも誰がそれを「貴重だ」と決めるのかな。
😊：う〜ん、そうか…。でも、客観的に貴重かどうか、が問題なんじゃないんじゃないの。誰か貴重だと思う人たちがいて、その人たちががんばって残せばいいんじゃないの。NPOか何か立ち上げて。そういう動きの中から、新しいものが出てくるということが大事なような気がするけど。その人たちが行政を説得してお金も出させるとか。何もみんなが「貴重だ」と思わなくても、そう思った人から始めるのでいいんじゃないの？
🌀：でも、町はみんなのものでしょ。町のみんなが納得しながら歴史的な建物も町並みも保存していくのが望ましいんじゃないの？
😊：う〜ん、町並みとか歴史的建造物とか言っても、簡単でないわね。

所属 _____　　　年 ____ 月 ____ 日 ____

番号 _____　氏名 _____

🌑 ワークシート

〈用意するもの〉
　Ａ３の紙（各グループ１枚）
　ファクト・カード（p.126）をコピーして各カードを切り離したもの（各グループ１セット）
　テープのり

　Ａ市では、ある歴史的建造物をめぐり、それを残すべきかどうか議論があります。というのも、この建物は現在個人の手に渡っているのですが、税金（固定資産税・相続税）や維持費の負担に耐えきれなくなり、マンション用地として売りに出すという話が出ています。それを知った市民がこの貴重な歴史的建造物を保存しようと訴え始めます。しかしどうやって残せばよいか妙案はなく、自治体も財政難で買い取る余裕はなさそうです。

　さて、この歴史的建造物をめぐる動きについて調べると、p.126の「ファクト・カード」に見るようないろいろな事実がわかってきました。どうも事態は単純ではなさそうです。

(1) まず、各自、12枚のファクト・カードをじっくり読み、それぞれどういう解釈ができるか考えてください。
(2) その上で、グループディスカッションしながら、このカード（ファクト・カード全体をコピーし、はさみで切って各カードを切り離してください）を大きめの紙（Ａ３の紙など）の上で並べ直し（テープのり等を使ってカードを紙に貼りつけてください）、図式化してください。図式化するときには、適当に言葉を加えていってください。図式化しながら、この問題をどう考えればよいのか、どう解決すればよいのか、議論してください。
(3) 最後に、各グループから、この歴史的建造物をめぐる問題をどう考えればよいのか、また、どうすればよいのか、図を示しながら説明してください。

（議論のメモ）

第12章　歴史的建造物を保存すべき？

■ファクト・カード

この建物は、明治末期に建てられたもので、大学の建築史の専門家によると、日本全体では珍しい様式ではないが、この地域に残っているのはこれだけだという。	この建物について、愛着をもっている人は、A市の中に少なくないと思われるが、A市全体で広くそれが共有されているわけではない。	建物の近くの商店街の振興会会長さんは、「ぜひこの建物を保存して、観光客を呼び寄せられるようになってほしい。商店街としてもこの建物の保存に協力したい」と語った。
さまざまな関係者への聞き取りの中で、「銀行の建物より、むしろA市周辺部の田園景観の方が、この町の歴史をよく語るものではないか。こちらの保存に力を入れるべきである」という意見を聞き、「なるほど」と思った。	自治体が全市的に行ったアンケート調査によると、「行政がいくらか負担してでもこの建物をぜひ残してほしい」という人が35％、「残してほしいが行政が財政負担すべきではない」という人が25％、「残すかどうかにあまり関心がない」という人が40％、という結果だった。	この建物を保存してほしいと考えている市民グループは、自治体が買い取ることを提案したが、自治体側は、財政難を理由にそれには難色を示している。
近くに住むある老人（女性）に話を聞くと、この建物に対して大きな愛着を持っていることがわかった。「私が嫁に来て以来毎日この建物の前を通っています。これがなくなると寂しいです」	近くに住むある老人（男性）に話を聞くと、この建物に対してたいした愛着をもっていないことがわかった。「ここに生まれ育ったが、確かにこういう建物は昔いくつもあったなあ。時代の流れだから、なくなるのはしょうがないんじゃないか」	保存を望む市民グループが自治体と協力して、この建物の今後を考えるワークショップを開いたところ、20名くらいの市民の参加があり、熱心な議論がなされた。マスコミもその様子を伝えた。
この建築を保存しようという意図で開かれたシンポジウムでは、複数の参加者から「この建物は、市民にとってもシンボル的な存在だ。ぜひ残してほしい」という意見があった一方、「この建物が大事だというのは、むしろよそから引っ越してきた人に多いのではないか」という参加者の意見もあった。	保存を望む市民グループが、1日この建物を借りて、人形劇や1日カフェなどのイベントをしてみたところ、マスコミの事前報道もあって、多くの人が訪れた。	ワークショップでは、この建物を市民が買い取って喫茶店やギャラリーにするという案が出て、参加者に好評だった。

解説

　今回のテーマは実は「歴史的建造物」ではない。今回のテーマは「データと向き合うこと」だ。

　「データ」というと、何か数字を思い浮かべる人が多いかもしれないが、今回私たちの前にあったのは「言葉によるデータ」だ。もちろんその中には、アンケート調査の結果という数字によるデータもあったが、だいたいは言葉によるデータだ。言葉によるデータを、「質的データ（定性データ）」という。

　「質的データ」というと難しそうだが、何のことはない、私たちが日常的に扱っているほとんどの情報は「質的データ」だ。「友人が悲しそうな顔をしている」、「友人とその恋人は昨晩大げんかしたらしい」、「友人はちょっと酒癖が悪い」といった情報が「質的データ」で、私たちはふだんそうした「質的データ」をもとにいろいろ考える。つまり分析するのである。

　そういう意味では今回も、ふだん私たちがしているそうした分析をしてもらおう、というわけだ。与えられたデータは12個。決して多くない。しかし、なかなか難しい。どのデータも、だからこうだとはっきりした分析ができるものではなく、こうともとれるし、ああともとれる、といったたぐいのものだ。アンケート調査の結果も、市民は保存に賛成なのか慎重なのかはっきりしないし、近くに住む二人の老人の意見も同じではない。

　とにかく分類してみよう、ということで、たとえば保存に「賛成意見」「反対意見」と分けてみることもできるだろう。しかし、この町の情勢は、そんなにきれいに賛成、反対に分かれているわけではない。

　そこで大事なことは、「データと向き合うこと」である。商店街の振興会会長の発言は、どう解釈したらよいのだろう。商店街の会長さんの声は、そうか、歴史的建造物を有効活用しようとしているのだな、と読むこともできるし、なんだ歴史的建造物でも何でもよいわけで、要はもうけたいだけなのか、と読むこともできる。近くに住む二人の老人の一見矛盾する語りはどう解釈すればよいのだろうか。なるほど地域の中にも多様な意見があるのだな、と解釈することもできるし、この二人の声は実は「日常の中にある景観だから、あることが当たり前だった」という点では同じだとも言える。もしかしたら、何か思い出話をしたら、男性の方も「ぜひ残してほしい」と言うかもしれないし、反対に女性の方も、大事なのは思い出の方なので、思い出がちゃんと美しく残る形にしてもらえれば建物そのものの存廃にはこだわらないと言うかもしれない。

　いろいろ想像を交えながら、一個一個のデータを自分なりに深めてみよう。デ

ータは、そこに現れている文字面の向こうに大きな世界が広がっているのである。

そんなふうに一つ一つのデータとちゃんと向き合い、考え、言葉をつむぎ出すことで、この歴史的建造物にかかわるこの町の今後が見えてくるだろう。

ちなみに今回行った手法は、KJ法と呼ばれるもの。川喜田二郎氏が考案したため、イニシャルをとってKJ法という。川喜田氏は文化人類学者で、ネパールの調査などを行った。現場でとってくるさまざまな情報は、多岐にわたりすぎて、そこから何を引き出すか難しい。そこで考案されたのがこの方法。今では、企業や市民活動などで広く用いられている方法だ。KJ法は、アイデア発想法として使われることが多いが、今回は、むしろデータをあらかじめ提示して、そこから何を読みとるかに焦点を当てた方法をやってみた。

それぞれのデータから何を読み取るか考え、その上で、それを整理していく。ちゃんと読み取らないまま気軽に整理してしまうと、たとえば、この歴史的建造物の問題だと、単純に反対意見と賛成意見とに分類してしまって終わり、みたいなことになりかねない。事実マスメディアでは、こうした単純な分類が横行している。しかし、事実はもう少し複雑だ。ちゃんとデータと向き合い、その上で、それぞれのカードをどう配置すればよいかと考えてほしい。この整理には、正解はない。正解はないが、各グループで議論を深めれば、各グループなりの整理が見えてくるはずだ。

実のところ、「歴史的建造物」は、こういう作業をするにはなかなかおもしろい素材だ。というのも、「歴史的建造物」は、今日比較的多くの人が保存する必要を感じている一方で、何をもって歴史的に貴重な建造物とするか、誰がそれを決めるのか、そもそもなぜ歴史的建造物は保存しなければならないのか(あるいは、保存する必要などないのか)、などなど、いろいろな問題をはらんでいるからだ。いつごろのものを歴史的建造物というか、50年前の建物は入るのか入らないのか。そもそもなんのために保存するのか。観光振興のためなのか、自分たちの地域アイデンティティのためなのか。思い出のためなのか。

きれいな答えが出るわけではない。そのことは、歴史的建造物をめぐる問題に限らず、世の中の多くのことがそうだ。だからこそ、それから逃げずに、考えることが必要になってくる。考える、といっても、ただ漠然と考えるだけではわからない。データをちゃんと集め、そのデータと向き合い、分析し、議論する。そこが大事だ。

■参考文献
片桐新自編, 2000, 『歴史的環境の社会学』新曜社

川喜田二郎，1970，『続・発想法』(中公新書)中央公論社
谷富夫・山本努編，2010，『よくわかる質的社会調査 プロセス編』ミネルヴァ書房
宮内泰介，2004，『自分で調べる技術』岩波書店

13 どれがよいまちづくり？

コミュニティを考える

ダイアローグ

😐：我々が住んでいるこのD市だけどさあ、なんかパッとしないよねえ。

😀：そうねえ。人口も徐々に減っているし、これといった産業があるわけでもないし。

😐：農業は結構盛んだけどね。

😀：そうね、キャベツなんかは「Dキャベツ」として少しブランドにはなっているらしいわね。でも、町全体としてはやはり元気がない感じがするわね。

😐：でも、町が元気だとか元気じゃないとか、どういうことだろうね。

😀：そうね。町を活気づけるって言っても、いろいろ方向性がありそうね。

😐：方向性？

😀：そう。お祭りなどのイベントをたくさんやって人の結びつきを強める方向とか、観光客を引き寄せる方向とか、農業や製造業を中心に経済を活性化させる方向とか、いろいろあるじゃない。

😐：何がまちづくりなんだろうね。何より住みやすい町にするということかなあ。

😀：でも住みやすいって言っても、人によってそれぞれよ。仕事がちゃんとある町が住みやすいと思う人もいるでしょうし、公園や緑が多い町が住みやすいと思う人もいるでしょ。子育てへの支援が充実していることとか、病院が充実していることとかが住みやすさだと考える人もいるでしょうね。

😐：そう言えばさ、隣のF町では、花をたくさん植えるというまちづくりをやってるね。花をたくさん植えてどうしようって言うんだろうね。花がたくさんあったからといって住みやすくなるだろうか。

😀：花が好きな人って多いわよ。花がたくさんあるとなんかいいじゃない。でも、花がたくさんあるという物理的なことより、みんなで花を植えるということ自体とか、花のある町としての誇りを持つとか、そういう方に意味があるんじゃないの。

😐：参加することに意義がある、みたいな？　花をたくさん植えても、ちっとも地域の経済は上向きにならない気がするけど。

😀：確かに経済は大事だけど、でも逆に経済がうまく行っていても、住みにくい町というのはありそうね。

🙂：それもそうか。それに、僕もそうだけど、隣の大都市B市に通勤・通学している人も多いから、このD市そのものがどうなろうが、特に関係ないと思っている人も少なくないかもしれない。

😀：確かに。ただ、この町で子育てしている人たち、とくにお母さんたちなんかは、町のあり方にけっこう敏感よね。この町は子育てがしやすいとか、公園が多いかどうかとか、教育がどうだとか。

🙂：お年寄りたちも、そうかもね。町の福祉のあり方とかは関心が強いだろうね。

😀：でも、お年寄りにも、昔からこの町に住んでいる人とこの20年くらいの間に引っ越してきた人とがいるじゃない。ずいぶん温度差がありそうね。

🙂：そうだね、うちもそうだけど、B市のベッドタウンとして新興住宅地もできてきたから、そこに住んでる人も多いね。

😀：同じ「まちづくり」と言っても、立場によってずいぶんイメージが違うということかな。

🙂：でもいい町って、誰にとってもいい町のような気もするけどねえ。どうなんだろう。

😀：まちづくりって何だろうね。

所属		年　　　月　　　日
番号	氏名	

🔴 ワークシート

　p.134〜の新聞記事のうち、どれが「最もよいまちづくり」か？　「そもそもまちづくりとはいったい何か」を考えながら、「最もよいまちづくり」トップ3を選びなさい。

(1) トップ3を考えるにあたって、何を基準に考えるか、記事を読みながら考えてください。
(メモ)

（2）各自のトップ3を決めてください。

1位	
2位	
3位	

（3）グループ・ディスカッションを始めます。まず、各自から、トップ3を発表します。
（4）各グループで、徹底的に議論し（とくに何を基準に順位を決めるか）、トップ3を決めてください。

(議論のメモ)

↓
グループとしての結論

1位	
2位	
3位	

　グループとしての選定基準は何ですか。3つ挙げてください。

第13章　どれがよいまちづくり？

資料

資料(1)

「毎日新聞」2007年12月14日

わが町にも歴史あり・知られざる大阪:
町づくりを考える会　／大阪

金もうけ抜きの町ぐるみ博物館――
大阪市平野区

　全興寺(せんこうじ)住職のAさん(60)が音頭を取って、80年にできた「平野の町づくりを考える会」は、93年から「町ぐるみ博物館」を始めた。

　最初は、境内にある「駄菓子屋さん博物館」だった。Aさんが個人的に集めていたおもちゃを展示したのだが、「うちだけ、してても」とよそに呼びかけて、七つでスタートした。「鎮守の森博物館」は、杭全(くまた)神社の森のこと。「名前付けただけやからね」とAさんは笑いはる。

　要するに、金をかけずに、あるものを見せようというわけだ。大阪市内で一番古い新聞販売店の「新聞屋さん博物館」や、大念佛寺の幽霊の掛け軸を見せる「幽霊博物館」、手作り自転車を造っている「自転車屋さん博物館」に、食堂の「へっついさん博物館」など、現在15ある。

　「町ぐるみ博物館」は、市民が自主的にやっていて、考える会がマップを作ってるだけ。「マップだけで回るのは至難のわざですよ」。どないしたらええんです？　「迷ってください、探してください、尋ねてください。土地の人との触れあいが狙いの一つ。平野に生まれ育った人は、案外魅力に気が付かん。でも、外から来た人に尋ねられたら、知らず知らず、みなガイドになってる」。なるほど、外から人が来ることで、地の人が魅力に気が付くと。

　平野酒や平野あめ、平野こんにゃくなどの名物再興や、平野弁で歌う第九、ドイツ町づくりシンポ参加など、数々の魅力アップ策を手掛けてきた。その底流にあるのは、埋まってる歴史を掘り起こし、伝統を継承することだ。

　「観光化は目指してない」。Aさんの言葉に、ええーっと思った。町おこしの目的は普通、観光化して人を集めて金を落としてもらう、というもの。「仕掛けじゃなくて、歴史と暮らしある町。観光でなく観風とでも言いますか」

　古い中国の言葉に「観光観風」という。観光が名所や建物を見ることなら、観風は人と触れあい暮らしを見る。新しいものを造って人を引っ張る経済優先とは対極にある。

　住民主体の町づくり先進地に、各地から視察が来るが、金もうけ抜きの発想に「わけわからん顔して帰りますわ。うちは何の参考にもならん」とAさんはおかしそうに言う。けど、新しいもん造って人を呼ぶってのは、町の個性は関係ない。その土地でしか味わえん空気が求められてるような気がする。

「町づくりとは、なにげない町を再発見、再確認する。それだけなんですよ」。けだし名言。歴史を大事にし、いろんな世代が交わり、町の息吹が伝わる。だから、私は何度もこの町を歩くのだろう。

◇

平野郷の建物の高さ制限を設けた条例を考えた「平野郷HOPEゾーン協議会」。99年に発足した時、メンバーのAさんら住民は、役所にこんな要望を出した。「議員さん、町会長は外してください」。住民代表は、たいがいが議員や町会長だが、どうしても政治色が付く。純粋に住民主体で町づくりを考えるために、ママさんコーラスや人形劇団、だんじり祭りの組織代表らをメンバーとした。

だいたい、最初に大阪市が、町並み保存を目的に補助金を出すHOPEゾーン事業を始めるにあたって打診した時、「平野は、織田信長に立ち向かって以来、お上と手組んでないので、いりまへん」と、いったんは断ったという。町衆が運営した自治都市の「自分たちで町を守る」というDNAが、平野郷には力強く生きている。

資料(2)

「毎日新聞」2009年2月17日

わがまち食自慢：鳥取・鹿野地区　すげ笠弁当　／中国

家庭で培った優しい味　地元食材で主婦たちが調理、1日30食限定

鳥取市鹿野地区の主婦たちが作る「すげ笠弁当」が、県内外で静かな人気を呼んでいる。鹿野特産のすげ笠の器に地元の食材を使った色とりどりの料理が盛られている。古い町屋を改装した食事処「夢こみち」で1日30食限定のメニュー。地元の家庭ではぐくまれた素朴で優しい味を求め、年間約8000人が来店するという。

ふろふき大根のゆずみそあえ、菜の花やゼンマイのてんぷら、茶わん蒸しにラッキョウのソースがかかった黒豆のハンバーグ……。直径約30〜40センチのすげ笠の上に旬の食材を生かした主婦の味が並んでいる。ご飯はギンナンやむかごなど、季節の食材を炊き込む。

品数は約15種類と盛りだくさんだが、すべてすげ笠に載るよう小鉢に少しづつ盛る。女性が顔をほころばせる色鮮やかな小鉢は、地元の主婦たちが自宅で使わなくなったぐい飲みや杯を持ち寄ったもの。

閑静な町屋の雰囲気もすげ笠弁当を楽しむ大事な要素。2階建ての屋内には日光が差し込み、照明はほのかでちょうど良い。この町屋は空き家で解体される予定だったが、地元のNPO「いんしゅう鹿野まちづくり協議会」が改装し、04年3月に開店した。

調理で腕を振るうのは50代から60代の主婦6人。有名シェフを県外から招へいするという計画もあったが、「鹿

野の家庭の味を大事にしよう」と主婦が厨房（ちゅうぼう）に立つことになった。食材はすべて地元のもの。主婦たちが山で採取したり、家庭で栽培したものなどだ。

主婦目線の接客は気張っていない。ショウガのつくだ煮や餅米とユズの炊き合わせといったメニューは、客から教えてもらったレシピを取り入れた。主婦たちからレシピを教えてもらえることもある。

口コミで広がった人気は上り調子で、昨年は4月から12月末までに約7000人が来客。人気はうなぎ登りだが、すげ笠を作る職人の高齢化は進んでいる。市鹿野町総合支所は来年度、すげ笠作りの担い手の育成に乗り出す予定だ。

旬の食材ゆっくり味わって──
「夢こみち」代表・Aさん(65)

素朴な料理の味が他の料理に移らないよう、少しずつ小鉢に取り分けています。色鮮やかな小鉢で、派手ではない料理を引き立たせているという役割もありますね。

1日限定30食にこだわるのは、旬の食材を古民家の雰囲気の中でゆっくり味わっていただきたいから。行列のできる店にしたくはありません。

新鮮だからこそ、食材のおいしさが失われないようにしています。だしやみそ、ソースもすべて手作りです。効率は良くないのかもしれませんが、冷凍食品は一切使いません。

資料(3)

「毎日新聞」2007年11月18日

ひょうご食ルネサンス：農・漁・いのち　鳥居（とりい）やすらぎ市民農園（後編）
／兵庫

復興は農の実りとともに──水害の教訓息づく食堂

団塊の人たちが畑仕事にいそしむ豊岡市出石町（いずしちょう）の「鳥居やすらぎ市民農園」。のどかな田園は3年前、台風23号で泥沼と化した。

04年10月20日。出石神社の秋祭りに参加していた農園管理組合長のAさん(66)は、異常な雨の降り方に胸騒ぎを覚えた。出石川の水位はどんどん上がり、午後5時半、堤防を越えた。水没した車のクラクションが悲しげに鳴り響き、住民は小学校で不安な一夜を明かした。

翌日、お年寄りらは小学校からボートで運び出された。だが、濁流は、厚さ25センチあるアスファルトをめくり上げ、大木が家々を直撃。7戸が流され、100戸ある鳥居地区は9割の家屋が全半壊した。3日後に水は引いたが、区長だったAさんは、被災者全員が自宅に戻るまでの40日間、避難所に泊まり込み、復旧作業に励んだ。半世紀前の伊勢湾台風で自宅が水没した経験から「命あっての物種。ひるんではいられない」と自らを鼓舞した。

台風の2週間前に起工式をしたばかりの農園は、農機具や建設資材が泥に

覆われた。泥すくいに奔走したのは、神戸市長田区のまちづくり支援団体「まち・コミュニケーション」（まちコミ）のメンバーだった。

長田区の御蔵5〜7丁目は、95年の阪神大震災で火災が起き、120人余りが犠牲になった。「被害の様相は違っても家をなくした人の心は同じ」。御蔵5〜7丁目のまちづくり協議会会長として復興に当たったBさん（66）は台風直後から、まちコミのメンバーと出石に通った。Aさんも05年1月、長田区で開かれた震災10年のシンポジウムで「水害でふさぎこんだ町に来て、復興のために市民農園づくりに参加してもらえませんか」と呼びかけた。

出石に通うBさんらは、がれきを片づけながらAさんの指導で野菜を育てた。夏はジャガイモ2トンを収穫し、秋にはサツマイモや黒大豆の収穫祭をした。まちコミのメンバーのCさん（40）＝神戸市須磨区＝は、妻Dさん（42）、長男E君（10）、次男F君（6）と汗を流しながら「収穫した野菜をその場でいただく。神戸では得がたい経験です」と笑顔を見せた。

毎週末、片道2時間半かけて神戸から来る人の姿は、鳥居地区の住民に刺激を与えた。Aさんの妻Gさん（58）は「元気をつけてもらおうと思って」と自家製の米と野菜を使ったカレーを差し入れると喜ばれた。

農園内にある有機野菜を使った食堂「鳥居のさと」には、水害の教訓が息づく。避難生活をともにしたGさんら5人のスタッフは「温かいご飯を家族で食べて、布団で横になって寝るありがたさが身に染みた。何でも分け合った思いやりの心を忘れないでいたい」と口をそろえる。裁縫が得意なHさん（63）がユニホームを用意し、Iさん（64）は自家製のラッキョウを持参する。有機大豆のみそは、みんなで寒仕込みしたもの。手づくりの温かさが一人暮らしのお年寄りやサラリーマンら常連客を引きつけている。

Bさんは「種をまき、芽が出て、やがて花を咲かせ、実をつけ、収穫して食べる喜び。まちの復興のスピードは、地道な農作業の営みに似ている」と振り返り、まちコミ代表のJさん（32）は「都市と農村の交流を通じて、日常を継続させるコミュニティー再生の姿が見えてきた」と話す。鳥居と長田の人々の思いは、農園とまちに豊かな実りをもたらしている。

資料(4)

「毎日新聞」2003年9月12日

[花を咲かせたい]商店街の街おこし
　　三島・せせらぎの街　／静岡
　　水の都、復活目指し

涼しげなせせらぎの音を聞いて、思わず川に足を浸した。ホタルが舞い、カワセミも来るというこの源兵衛川がその昔、どぶ川だったとは信じがたい。「素足で川を歩いたのは何年ぶりかな。

「三島がこんなに水に恵まれた場所だったなんて、びっくりしちゃった」。竜洋町から訪れたという女性はそう言って、川に浸した足をふいた。

「水の都」とも言われる三島は、町を歩くと至るところでせせらぎの音が聞こえてくる。富士山や箱根山に降った雨や雪が長い時を経てわき出し、市内を流れる。

豊富な水を武器に企業が誘致され、町は栄えた。しかし、1960年代から湧水量は減り、せせらぎは枯れ始めた。国の名勝「楽寿園」の小浜池から流れる源兵衛川も汚染が進み、ゴミがあふれた。

「水の都を復活させたい」。地元市民からそんな声が上がるようになったのは約12年前のことだ。実行委が作られ、清掃に取り組んだ。企業が冷却用に使った水を再供給してもらうことになり、それから8年かけて源兵衛川には清流が戻った。

川の復活は、街の人に自信を与えた。三島商工会議所は96年、「街中がせせらぎ事業」を提言した。わき水をキーワードに「住みたい街、歩きたい街」を作ろうという内容で、街おこしの側面もある。プランは、建築士で商工会議所会員でもあるAさん(51)らが練ったものだ。

三島育ちのAさんには、楽しく鮮烈な記憶があった。せせらぎで冷やしたスイカにがぶりとかじりつく。口中に広がる涼感……。「あんな雰囲気の街がよみがえったらいいなって」。漠然とした願いでまとめた提言は、県が補助金を出すことになり、Aさんの生活は一気に忙しくなった。

勉強会やシンポジウムの開催など、仕事はそっちのけで「せせらぎ事業」に没頭した。三嶋大社など歴史ある建物と湧水地を組み合わせ、楽しみながら三島の街を歩ける地図を作り、コースや案内板の位置を考えた。「みしまっぷ」と名づけた地図は98年に完成し、それを片手に三島を訪れる人も増えている。

今年8月末、三島の湧水地を歩く「ウォークぶらりー」が開かれ、2200人を超す参加があった。「せせらぎ事業」の一環で、今年が6回目の開催だ。98年の大手スーパーの閉店以来、地元商店街はやや活気がなくなっていたが、イベントには商店主たちも参加し、水を配った。

「せせらぎ事業を始めてから、イベント以外でも街に足を運ぶ人は確実に増え、商店主たちにも明るさが戻って来た」とかばん店を営むBさん(59)。「わき水って元気をくれるんですよ。そういう力があると思う」。商店街の人たちの姿を見ながら、Aさんはうなずいた。

資料(5)

「毎日新聞」2004年8月26日

休日を楽しく過ごす、子育ての楽しさ実感——志賀町子ども週末活動支援ネットワーク・ルンルン　／滋賀

　学校の完全週5日制導入を機に、地域に青少年育成のためのネットワークをつくろう、と01年10月に結成した。

　狙いは四つ。まず、子どもに楽しい休日を与え、健全育成を図ること。二つ目は、保護者が子どもとともに活動する場をつくること。次が、地域の人々に子どもを育てる喜びを体験してもらうこと。最後が、活動を通して「学校外文化」を創造することだ。

　子どもたちの週末活動を支援し、休日を有意義に楽しんでもらうとともに、その活動を通して地域住民のつながりを強め、ひいてはまちづくりに寄与しようという狙いでもある。

　現在の会員は元志賀中校長のA代表以下16人。

　原則として毎月第3土曜日、志賀町内の4小学校区ごとにスタッフがさまざまなプログラムを企画、実施している。対象は幼稚園から中学校までの子どもたちだ。

　活動の場は各小学校の体育館を主にしているが、目的によって近くの里山、湖岸、河川に出掛けることも多い。

　活動内容は多岐にわたっている。まず、スタッフによる活動としては、山菜採り、クイズとなぞなぞ、ビーチボール遊び、里山探検、クリスマスツリー、リース作り、ヨシ細工、ホタルと星座観察、内湖での魚釣りなどがある。

　地域ボランティアによる活動は、マジックショー、竹細工、茶道体験、キノコ狩りなど。

　外部講師を招くこともある。英語で遊んだり、化石を探したりするほか、エアロビクス、音楽、ペットボトル遊び、バルーンアート、環境カルタ、水生昆虫観察などのプログラムだ。

　他団体の協力で展開している事業もある。例えば、滋賀大学と連携した「志賀町の水調べ」は毎年行っている。また、淡海環境保全団体の協力でヨシ刈り体験もしている。さらに、志賀町味噌汁コンテスト(おうみ未来塾「くいいじ」)、「インディアンテントで学ぼう」(大津志賀地域まちづくり協働会議)など、ユニークな中身で子どもたちの人気を呼んでいる。

　A代表や事務局長のBさんらの3年近い頑張りで、子どもたちは毎月の催しを心待ちにするようになり、親子、きょうだい、子どもたち同士のつながりも強まっている。

　課題もある。スタッフは皆30歳以上で、中高校生などのリーダー育成ができていないこと、「誰でも気軽に参加」をモットーにしているので参加人数の予測がつかないこと、特技を持つシルバー世代との連携ができていないこと、単発企画がほとんどで通年企画が少ないこと、町外にも出掛けたいが安全面

などで不安があること、などなどだ。

しかし、今や子どもたち、地域に欠かせなくなったルンルン。スタッフのもうひと踏んばりを期待したい。

資料(6)

「毎日新聞」2003年9月13日
[花を咲かせたい]商店街の街おこし／
富士宮(ふじのみや)・焼きそば　／静岡

庶民の味が「全国区」

富士山のわき水で作ったこしのある蒸し麺(めん)に、地元の新鮮なキャベツと肉かす。仕上げにふりかけるイワシのだし粉が野趣を添える。1年で12億円の経済効果を生んだと言われ、今や「全国区」となった富士宮焼きそばは富士宮の庶民の味でしかなかった。

仕掛け人として知られるAさん(44)は地元で保険代理店を営んでいる。今では全国各地から講演依頼が殺到し、引っ張りだこだ。休みはまったくないが、そんな生活も楽しいとAさんは言う。「だって、ビール片手にいろいろな人といろいろな話ができるでしょ」。そう言って自慢の焼きそばをほお張った。

少年時代を富士宮で過ごしたAさんは、その後静岡、東京へと移り住んだ。28歳の時に富士宮へ戻ると、街の様子が一変していた。バイパスの整備で郊外店が進出し、商店街は閑散としていた。幼いころの記憶をたどると、街は製糸工場で働く女性従業員や浅間大社への参拝客があふれていた。「つまらない街になったな」。帰郷したAさんはぼんやりとそう感じた。

中心市街地を活性化しようと、99年に市民のワークショップがあったが、名案は出なかった。「このまま終わらせたくない」と思ったAさんと仲間は話し合いを繰り返し、突破口を探した。

「富士宮って焼きそばの店が多いよね」。ある日、誰かがつぶやいた。富士宮でずっと暮らしてきた人は一様に首をかしげた。しかし、電話帳をめくると、人口12万人の市内に82店も焼きそば店があった。さらに、飲食業組合のリストを調べると、焼きそばを扱う店は150に増えた。麺や具にこだわり、味も個性的だった。「これで街おこしができる」。居合わせた全員の胸が躍った。

Aさんたちは「話題作り」に専念した。まず発案したのは「やきそば学会」の設立。仲間を会員にして「やきそばG麺」と名づけた。G麺は調査票を持って食べ歩き、料金や特徴などを調べた。01年4月には「富士宮やきそばマップ」が完成し、掲載店の前にはオレンジ色ののぼりを飾った。西富士道路を管理する道路公団富士管理事務所もリーフレットを作り各地で配ってくれた。

効果は意外なほどすぐに表れた。翌5月の大型連休。スーパーの蒸し麺や精肉店の肉かすが売り切れ、行列ができた焼きそば店主はけんしょう炎になった。西富士道路の利用は1日当たり

260台も増え、うれしい悲鳴が上がった。

　最近、四つの焼きそば店が新たにオープンした。当初は「焼きそばにだけ力を入れるな」と反対もあったが、今では町ぐるみでイベントを開き、焼きそばを目当てに街を訪れる客を取り込もうとしている。

　やきそば学会もＧ麺も最初は思いつきだった。行政にも企業にも相談しないで始めた街おこし。資金はないが、しがらみもない。「市民の手作りだから、うまくいってるんです」。Ａさんは自信をのぞかせながら照れくさそうに笑った。

解説

　自分たちが住む町を自分たちでよくしていこう、というまちづくりの動きは、昔からあったと言えばあったが、それが「まちづくり」という名前で呼ばれるようになったのは1980年代のころからだ。この場合の「自分たちの住む町」というのは、自治体の範囲よりもっと小さい町内会とか連合町内会とかの範囲くらいのものが多いが、もっと大きな単位のものもある。もちろん「まちづくり」と言っても「村」が入らないというわけではなく、市でも町でも村でも、「まちづくり」と呼ぶのが普通だ。「むらおこし」という言葉が使われる場合もあるが、ここでは、それも含めて「まちづくり」と言っておこう。

　近年のまちづくりの特徴は、何と言っても、住民参加。つまり住民自身が自分たちの町についての取り組みを始めていることだ。もちろん住民参加と言っても行政の役割がなくなったわけではなく、行政と住民が共同でまちづくりをしたり（この場合のキョードーは「協働」と書くことも多い）、住民の活動を行政が支援したりという形も多い。

　本章で考えてもらいたかったのは、しかし、「まちづくり」にはいろいろな側面があり、いろいろな方向性があるということだ。あたりまえだが、まちに住む人たちの考え方はそれぞれ違うから、一つの方向に決まっているわけではない。昔の農村部なら、そのあたりはだいたい伝統的に決まっていたことが多いだろうが、都市部では、そして現在の農村部でも、住民と住民の間の距離は広がっていて（つまりはつきあいが薄くなってきたということ）、どういう町になれば住みやすい町なのか、という点で合意を得るのはなかなか難しい。それでも、若い親の世代なら、子育てしやすい環境（子供が遊ぶところがたくさんあるとか、保育園や子育てへの支援が充実しているとか）をまっさきに考えるかもしれないし、働く世代なら産業や雇用の充実がなによりも大事と考えるかもしれない。老人なら公共交通や医療・福祉の充実こそがまちづくりと考えるかもしれない。同じ老人でも、家族と共に暮らしている老人と一人で暮らしている老人では「まちづくり」のとらえ方もまた違うだろう。

　一言で言うとより住みよい町にするということなのだが、では、どういう町が住みやすい町なのだろうか。雇用、福祉、医療、交通、子育て環境の他にも、自然が豊かだとか、町並みが美しいとかも要素に入るかもしれない。さまざまな教育の充実も重要かもしれない（学校教育の他に社会教育も）。住んでいる人がやさしいとか温かいとかいったことも入るかもしれない。

　もしかしたらそういう具体的な中身より、住民参加でみんなで一緒にいろいろ

やれるそのプロセスことが大事で、それこそがまちづくりだ、という意見もあるかもしれない。中身重視か、プロセス重視か。

また、「住みやすい町」と言っても、どの範囲の「町」を考えるのかという問題もある。人によっては自分が住んでいる小さな地区単位（たとえば小学校区）で考える人もいるだろうし、もっと大きな市町村単位で考える人もいるだろう。その人が実際にどのくらいの範囲を生活圏としているかによってずいぶん違ってくる。遠くの町に通勤していて、自宅は夜帰ってくるだけという人と、一日中その地区にいる人とでは、生活の地域的な広がりが違う。自分の家の近くの人間関係が中心の人もいるだろうし、反対に遠くの人との人間関係が中心という人もいるだろう。それが違うと、「まちづくり」の「町」の範囲も違ってくるし、町の住みやすさの意味合いもずいぶん違ってくる。どちらがよいとか悪いとかではない。町の住みやすさも、まちづくりも、多面的だということだ。

そうした多様なニーズをていねいに拾いあげ、お互いに理解しあい、共通の目標を築くことこそがまちづくりと言えるかもしれない。

まちづくりって何だろう？　本章ではそんなことを考えてほしい。まちづくりって何だろう、という問題は、私たちにとって地域社会とは何だろう、という問題でもあるし、もっと広く、社会って何だろうという問題でもある。さらに言えば、個人が社会とつながるということがどういうことなのか、という問題でもある。私たちは一人では生きていけない。とくに「住む」「生活」するという営みには、地域的な広がりがある。そのことに気がついたときに、町をどうしていくか、という課題は、私たち自身の課題になる。まちづくりは、私たち一人ひとりがどういう生き方をしたいか、ということと結びついているのである。

■参考文献

大江正章，2008，『地域の力——食・農・まちづくり』（岩波新書）岩波書店
田村明，1999，『まちづくりの実践』（岩波新書）岩波書店
田村明，2005，『まちづくりと景観』（岩波新書）岩波書店
本間義人，2007，『地域再生の条件』（岩波新書）岩波書店

14 大学の未来プランを作ろう

アイデア発想とコミュニティ・プラン

● ガイダンス

〈用意するもの〉
模造紙(各グループ1枚)、付箋紙(7.5cm×2.5cm)、
p.146のワークシートを141％拡大したA4の紙

　今日は○○大学(あなたの大学名を入れてください)の「未来プラン」を考えます。学生にとっても教員にとっても、また一般市民にとっても魅力的な大学を目指します。教育、研究、活動、キャンパス、いろいろな面で魅力ある大学を考えます。みんなでアイデアをふくらませましょう。本日はそれをブレイン・ライティングという手法を使って行います。

(1) まず、6人1組のグループをつくってください。6人が理想的ですが、4人～7人程度でも結構です。各グループは囲むように坐ってください。

(2) ワークシート(ブレイン・ライティングの用紙)を各自1枚配ります。また、付箋紙(7.5cm×2.5cm)を各自20枚程度配ります。

(3) このワークシートを見てください。まず「氏名」のところにあなたの名前を書いてください。そして合図があったら、5分以内に最初の1の列(1A、1B、1C)に、「○○大学未来プラン」へ向けてのあなたのアイデアを書いてください。この際、紙に直接書くのではなく、付箋紙に書いてそれを各マスに貼ってください(以下同じです)。

(4) 次に合図があったら、紙を右側の人に回してください。自分の手元には左の人からの紙が来たと思います。それを見ると1A、1B、1Cに左の人のアイデアが書かれています。1Aを見てそこから何でもかまいませんので自由に発想して、自分のアイデアを2Aに入れてください。同様に1Bを見て2Bに、1Cを見て2Cに記入してください。左の人のアイデアから連想したものなら何でもかまいません。左の人のアイデアをさらに細かく具体化したもの、左の人のアイデアを大きくしたもの、左の人のアイデアを少しずらして考えたもの、左の人のアイデアからなぜか思いついてしまった一見関係なさそうなアイデア、

など何でもかまいません。もし左の人が１Ｃを空欄にしていたら、２Ｃは自由に発想して何でも書いてください。やはり時間は５分です。
(5) 次に合図があったら、再び紙を右側の人に回してください。そして同様に３Ａ、３Ｂ、３Ｃに記入してください。１Ｃは書かれているけれども２Ｃは書かれていない、といった場合は、１Ｃから連想してください。
(6) これを６回繰り返し、マスをすべて埋めてください。
(7) マスがすべて埋められたら、それを最初に人に戻してください。さあ、どうでしょうか。自分の最初の３つのアイデアがその後どんな展開をしたでしょうか。
(8) 次に、付箋紙をすべてはがし、模造紙に貼っていきます。そして、議論をし、付箋紙をグループ分けをしながら、また、言葉を加えていきながら、「〇〇大学未来プラン」を模造紙上に展開してください。このとき、新たな付箋紙を加えたり、図を入れたりしてかまいません。
(9) 最後に、各グループからその模造紙を使って「〇〇大学未来プラン」を報告しましょう。

図例

(このページをA4に拡大コピー(141%拡大)して使ってください。)

ワークシート

所属 _____

番号 _____ 氏名 _____

___ 年 ___ 月 ___ 日

	A	B	C
1			
2			
3			
4			
5			
6			

解説

　本章は、大学生にとって身近な「大学」というものについて、その「未来プラン」を考えてもらった。実はテーマは「大学」である必要はない。もしこのワークを大学以外のところで行うなら、テーマは「大学」より「わが町未来プラン」とかの方がよいかもしれない。それでもやり方はまったく同じなので、「わが町」に限らず、いろいろ応用していただきたい。「わが会社」とか「わがNPO」とか「わがスポーツ・サークル」とか何でもよい。

　本章でやってもらったのは、「大学」でも「わが町」でも「わが会社」でも、そうした組織や場所について、発想豊かにさまざまな角度から考える、という練習だ。「大学」と言っても、学生が接しているのは実は一部だし、もしかしたら一人ひとりの学生がもっている「大学」像は違うかもしれない。「就職のために来た」という学生がいれば、「何か打ち込めるものを見つけたくて来た」という学生もいるだろう。大学は教育だけ行っているところではなく、研究が大きなウェイトを占めるから、研究をもっと魅力的にして社会に貢献するとか、そういうことも考える必要があるだろう。魅力的な大学、と言っても、誰にとって魅力的か、そもそもよい大学とはどういうものなのか、授業のうまい教員がそろっているのがよい大学なのか、就職がよいのがよい大学なのか、経営がうまく行っている大学がよいのか、いろいろな角度から考えられるだろう。

　そうした多角的な方向性について発想豊かにアイデアするにはどうすればよいのか。アイデアを出す、という作業は、私たちは学校教育の中で、実はあまり訓練を受けていない。学校教育では、先に答えがあって、それを求められる。しかし、決められた答えではなく、新しいアイデアを発想する、という力こそが、今日求められている。今回は、そうしたアイデア出しの技術を、ブレイン・ライティングという手法でやってもらった。

　ブレイン・ライティングとは、ブレイン・ストーミングの応用版。ブレイン・ストーミングは、複数の人間でアイデア出しをするときのやり方で、とにかくいろいろ話して、アイデアを出していく。大事なのは、お互いに批判をしないこと。これはいいとか、悪いとか、そういうことを言わないで、とにかくいろいろな考えを出す。誰かが言ったことに触発されて「こんな考えもあるね」、「ああ、それじゃあこんな考えもあるね」と、次々にいろいろ出す。それがブレイン・ストーミング。ブレイン・ライティングは、それを紙の上で黙って行うというもので、発言が苦手な日本人には、こちらの方が向いていると言われている。

　短い時間で、たくさんのアイデア出しができるということで、企業の商品開発

などにもよく使われている。

　思考法には、発散と収束の両方がある。ブレイン・ストーミングやブレイン・ライティングは、まさに発散型の思考法。そして今回の後半にやってもらった「まとめる作業」は収束型の思考法。今回はただアイデアを出すだけでなく、それをグループで議論しながらまとめ、さらに発散しながら、最後には収束するというやり方をしてもらった。発散と収束という2つの方向を常に相互に繰り返すというのは、ものを考えるときの基本だ。それをグループで効率よく行うやり方を今回は学んだ。

■参考文献

石井力重，2009，『アイデア・スイッチ——次々と発想を生み出す装置』日本実業出版社

高橋誠，2007，『ブレインライティング——短時間で大量のアイデアを叩き出す「沈黙の発想会議」』東洋経済新報社

星野匡，2005，『発想法入門(第3版)』(日経文庫)日本経済新聞社

あとがき

　こんな教科書を作ったのには、いくつかの理由があります。
　一つは既成の教科書への不満です。社会学の教科書はあまた出版されていますが、そのほとんどは、社会学で行われている議論や概念について文章で長々と書かれているものです。それらは読み物としてはおもしろいが、授業で「使う」には、はて、どう使ってよいものやら、というものがほとんどです。たいていは、教員がそれらをもとに講義し、教科書はあとで読んでおいてね、というやり方がとられているでしょう。あるいはゼミでは、それらの輪読（順番に読んできて内容について報告する）もあるのかもしれません。
　しかし、実は社会学のもっとも大事なところは、理論や概念を「理解」することではありません。大事なのは、理論や概念ができてくるそのプロセスそのもの、それらの理論や概念をめぐる激しい議論そのものです。概念は作ったり壊したりするものであり、押しつけるものではありません。作ったり壊したりするプロセスこそが重要なのです。こんな議論があります、はい、わかりました、ではなく、こんな議論もあるけど、自分たちはどう考えるか、どういう議論をするか、です。
　社会学が問題にしているさまざまな事象には明確な答えなどないはずなのに、教科書だと何らかの答えがあるかのような記述にせざるをえなかったのです。しかし、多くの社会学者は、答えそのものよりも、答えを出そうとするプロセスこそが大事だということを知っています。それをぜひ教育の場面でも生かしたい、というのがこの本を出した一つの理由です。できあがった社会学を教えるのではなく、社会学（あるいは広く人文・社会科学）が生成するプロセスそのものを学ぶワークブックを作りたい、という思いです。
　この本を作ったもうひとつの理由は、ピア・ラーニングの有効性をもっと教育現場で生かしてほしいという思いでした。私は大学で長年教えていて、いちばん学生たちの身になるのはピア・ラーニングであることを身にしみて感じています。ピア・ラーニング、つまり学習者自身が一緒に学びあうことは、多くの「学習効果」を生みます。
　ピア・ラーニングの有効性は、おそらくどういう学問分野でも共通していると思われますが、中でもプロセス重視の社会学や広く人文・社会科学一般の場合は、それが顕著でしょう。「身にしみてわかる」とか、「わかりたいと真摯に思う」とか、「疑問がどんどん深まる」とか、「考えることが楽しい」といった学習の根本的な要素は、一方向的な講義ではなかなか生まれないものです。
　このような学習効果は、いくらごたくをならべてもわからないもので、やって

みることで経験的にわかるものです。しかし、それをやるには案外準備がたいへんだったり、教師の負担は通常の講義より大きかったりします。そこでこうした本の出番です。

この本の土台になっているのは、約20年にわたる私自身の大学での授業です。この本の内容はどれも繰り返し実際の授業で使ったネタであり、その意味では検証済みのネタです。長きにわたる大学の授業で、修正しつつ効果を検証してきたネタのみをこの本では使っています。

この本で使っている技法は、実は「開発教育」などの分野ですでに蓄積のあるもので、それらから学んだことも多くあります（一方これまでの「開発教育」への不満も一部あり、この本は、それを踏まえた作りにもなっています）。

この本を作ったさらなる理由は、今の社会における建設的な議論のための素地を作りたいという思いです。近年「熟議」による民主主義の再構築が言われていますが、議論することは案外難しいものです。そこで、そのための技法もさまざまに開発されてきています。この本はそこまではフルにカバーできていませんが、そうした技法もいくらか取り入れており、熟議民主主義のための素地を身につけるくらいまではカバーできていると思います。

とすれば、この本は、大学生の学習だけでなく、もちろん社会学だけでなく、市民の学習テキスト、市民参加の練習帳としても幅広く使っていただけるはずの本です。

さまざまな場でこの本が使われ、社会をどう考えるか、社会をどうすればよいか、楽しくて深くて建設的な議論がなされることを期待しています。

宮内泰介

著者略歴

宮内泰介　（みやうち　たいすけ）
1961年生まれ。北海道大学大学院文学研究科教授。博士(社会学)。環境社会学。主な著書に，『歩く，見る，聞く　人びとの自然再生』(岩波書店)，『どうすれば環境保全はうまくいくのか』(編著，新泉社)，『かつお節と日本人』(共著，岩波書店)，『なぜ環境保全はうまくいかないのか』(編著，新泉社)，『開発と生活戦略の民族誌』(新曜社)，『半栽培の環境社会学』(編著，昭和堂)など。学生の授業評価による北海道大学「エクセレント・ティーチャー」(2003～2012, 2015年度)。

miyauchi@let.hokudai.ac.jp
https://taimiyauchi.jimdo.com/

グループディスカッションで学ぶ
社会学トレーニング

2013年4月10日第1刷発行	著　者：宮内泰介
2017年10月30日第2刷発行	発行者：株式会社 三省堂　代表者　北口克彦
	印刷者：三省堂印刷株式会社
	発行所：株式会社 三省堂
	〒101-8371 東京都千代田区三崎町二丁目22番14号
	電話　編集(03) 3230-9411　営業(03) 3230-9412
	http://www.sanseido.co.jp/

落丁本・乱丁本はお取り替えいたします。
©Taisuke MIYAUCHI 2013　Printed in Japan
ISBN978-4-385-36530-5
〈社会学トレーニング・152pp.〉

本書を無断で複写複製することは，著作権法上の例外を除き，禁じられています。また，本書を請負業者等の第三者に依頼してスキャン等によってデジタル化することは，たとえ個人や家庭内での利用であっても一切認められておりません。